巻頭インタビュー　Interview

わるのか？

要素” を育むためには？

な資質や能力とは何か？

学習支援のためのこれからの教師の役割は？

“AI時代”の学校教育

―子どもの「今」と「未来」を創る

ライフイズテック株式会社　取締役
/最高AI教育責任者

讃井　康智

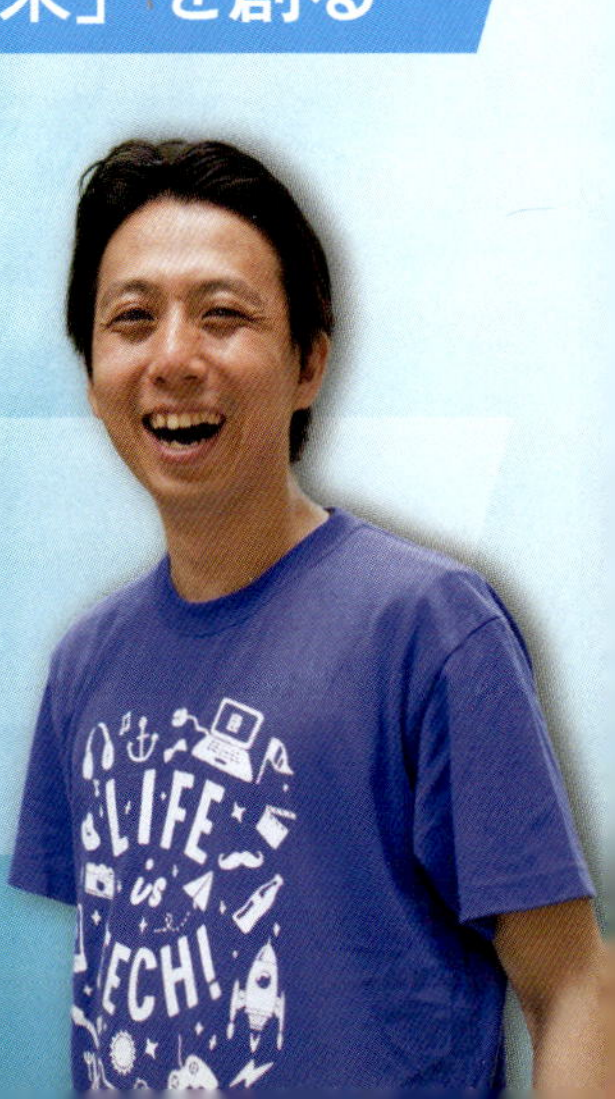

●Profile　東京大学大学院教育学研究科に進学、学習科学者の故三宅なほみ・東京大学名誉教授に師事。経産省産業構造審議会「教育イノベーション小委員会」委員、青森県教育改革有識者会議特別委員、NewsPicksプロピッカー（教育領域）などを歴任。

——2022年11月からのChatGPT普及を中心に、画像生成や翻訳機能などＡＩの発展・実社会への導入が急速に進んでいます。これらのテクノロジーは、具体的にどのような影響を社会に与えていくのでしょうか。

２０２２年を境にＡＩの民主化が起こりました。誰もがＡＩを使えて、ＡＩによって個人が新たな価値を生み出せる時代の到来です。

これは１９９０年代にインターネットが普及し、個人で実現可能なことが飛躍的に増えたことと同様か、それ以上の大きな変化です。大規模言語モデルによる高精度なＡＩを世界中の人たちが安価に使えるようになり、研究論文や報告書のレビュー、広告のキャッチコピーや画像の作成、顧客対応（カスタマーサポート）、ウェブサイトやアプリの制作（エンジニアリング）など生成ＡＩの活用事例が各分野で出てきています。

教育への影響も出始めています。直近ではテストの問題作成や英会話の学習などで生成ＡＩが使われている事例が出てきていますが、ＡＩが実現することの本質はこれまでとは段違いの「個別最適な学び」です。それを実現できる新世代のＡＩサービスを私は「EdTech 3.0」（EdTech 第3世代）と呼んでいます。

EdTech 3.0の代表的なサービスとして、２０２３年5月に公開されたカーンアカデミー（米国）のKhanmigoがあげられます。ＡＩがティーチングだけでなく、コーチングやファシリテーションまで実現していたことに衝撃が走りました。

ＡＩは児童生徒の興味・関心をまず尋ね、そこに合わせた動機付けや説明、課題提示をしてくれます。アスリートになりたい子にはアスリートの文脈で、パティシエになりたい子にはパティシエの文脈で、ＡＩが柔軟に対応してくれるのです。ものすごい知識量をもった超優秀な家庭教師が学習者一人一人につくようなものです。EdTech の1.0から3.0までの変化は以下表のようにまとめられます。

今後ＡＩは部分的な知識習得の支援だけでなく、より幅広く・高度な学習支援ができるようになり、学習の枠を超えた人生の伴走者（コーチ）にまで至るでしょう。

段階	EdTech 1.0	EdTech 2.0	EdTech 3.0
時期	2010年ごろ〜	2016年ごろ〜	2023年ごろ〜
特長	学習コンテンツのデジタル化	知識習得の個別最適	全ての学習の個別最適
主な形態	映像コンテンツやドリル教材の電子化	個別の進捗で学べるAIドリル	個別の文脈に即時対応するAIメンター
個別最適のレベル	学ぶ時間や場所の面で個別最適	学ぶ内容や進捗の面に限った個別最適	興味・関心など含め個々の文脈全般に対する個別最適
対応レベル	インタラクティブにコンテンツを提示できない	事前に用意したコンテンツをインタラクティブに提示	事前に用意したコンテンツでなくても文脈に沿ったコンテンツを即時提示

——AIの台頭に代表されるように、これからの社会はより変化の激しいものになると考えられます。その中で、子どもたちが身に付けていかなければならない、大切にしていかなければならない資質や能力とは、どのようなものでしょうか。

日本各地を回っていて感じますが、どの地域のどんな産業も人手不足が深刻化しています。2020年には高齢者と生産年齢人口の比率はおよそ1対2だったのが、2040年には1対1.5となります。そんな時代にAIをはじめとしたテクノロジーを活用しないと、これまで当たり前とされてきた生活基盤（交通・福祉・教育など）の維持すら不可能になります。そんな時代を見据えた時、これからの子どもたちに必要な資質を「イノベーション人材の3要素」と定義しています。

①課題を自ら設定できる
②次世代のテクノロジーを活用できる
③社会をよくするアクションまで実現できる

の三つです。たとえば、吹奏楽部の生徒が定期演奏会にもっと多くの人が来てほしいという課題（解決したいテーマ）を自分で設定する。AIと対話しながら告知用のキャッチコピーを考えたり部活の紹介文を作成したりする。プログラミングで告知用ウェブサイトを作って公開し、動画編集もした上でSNS投稿もする。課題発見や解決のアイデア出しに留まらず、テクノロジーを活用することで、身近な課題を実際に解決するところまでいきます。2010年代まではこれらの素養・能力は一部の子がもっておけば十分とされてきました。しかし、テクノロジーを活用しないと社会が成立しない2020年代以降においては、どんな地域・どんな職業につく子どもたちにも必須の素養になります。

――「イノベーション人材の3要素」を育んでいくために、これからの学校現場ではどのような取組が必要になっていくのでしょうか。

前述の「イノベーション人材の3要素」を育んでいくために、学校現場でも以下のことを大切にしていってほしいです。

①課題を自ら設定できる
↓好き・やりたいを大切に

AIに何をさせたいかという人間の意思がなければ、AIとの共創はスタートしません。であれば、AI時代に最も大事な力は、自分で課題（問い）を設定する力です。より正確には、課題設定のサポートすらAIがしてくれるようになるため、課題を設定「しようとする」モチベーションや衝動こそが最重要です。そのため、これからの学校教育では「これが好き」「これをやりたい」という思いをもっと大切にしてください。幼少期に自分の好きなことや、それに夢中になることを肯定してもらえた経験は、課題を設定「しようとする」資質を形成します。

②次世代のテクノロジーを活用できる
↓まずは触ってみる・作ってみる

テクノロジーを理解する上で大切なことは「まずは触ってみる・作ってみる」ことです。小学校の算数では、おはじき等の具体物を使った体験が先にあり、抽象的な四則演算の立式に移ります。AIも同じで、まずは実際に触ってみて具体的なイメージをもつことで、その背景にある理論や構造も理解できるようになります。

③社会をよくするアクションまで実現できる
→半径50㎝の課題解決を重ねる

ライフイズテックで中高生向けのAI講座を実施して実感したことは、今の子どもたちはAIネイティブだということです。AIを使って自分の能力を拡張し、これまでにない速さ・品質でアウトプットを作り出します。その大きな可能性を伸ばすためには「半径50㎝の課題解決」の経験が重要です。ポイントは身近でリアルな課題につながることです。クラスの席替えをアプリで効率化したい、祖母の飲食店を紹介するウェブページを作りたいなど、どんなことでもいいのです。自分が思いをもてるリアルな課題を設定し、その課題解決につながるアウトプットを作り、実際に使ってもらったユーザーからフィードバックを受けるまでの一連の経験です。この経験を重ねる中で、自分は他者の役に立ち、社会を変えることができるという効力感をもつことができ、自ずと子どもたちは社会課題解決の一線に立っていきます。

――これからの学校現場において、先生たちはどのようなマインドやスキルをもってテクノロジーと、そしてそれを活用していく子どもたちと向き合っていくべきでしょうか。

第一に学校の先生にもAIなどテクノロジーの理解は必須になります。学校ではテクノロジーはあくまで「手段」に過ぎないと軽視されてきましたが、今やテクノロジーの変化を理解しないと、どんな社会になるのか・どんな教育を提供する必要があるのかといった「目的」を見誤ります。前述した通り、テクノロジーを理解するには、まずは触ってみる・作ってみることが効果的です。EdTech（ICT教材）を授業の中で使ってみたり、休みの日に生成AIを触ってみたり、まずは先生自身がテクノロジーを活用してみてください。

次に生成AIにしても現存のEdTechにしても、どの単元・時間に・どのように使うと、子どもたちの主体的・対話的で深い学びを引き出せるかといった「学習デザイン」の力が必要です。生成AIを使うと子どもたちは考えなくなるという指摘もありますが、実際はそうではありません。適切な学習デザインができれば、子どもたちはAIの仕組みを理解した上で、主体的にAIと向き合い、AIと対話を繰り返すことで、より深い考えをもつことができます。今後新しいテクノロジーが出てきても、それを理解した上でメタ的な視点で学習デザインする役割は人間の先生に残ります。

最後に、子どもたちの様子を五感で認知し、愛情をもって寄り添うこと（コンパッション）はAIにはできないことです。AIにできることはAIに全部任せて、より一人一人の子どもたちに寄り添うことで個別最適な学習支援を実現できます。人間らしく、先生らしい仕事に注力するためにも、テクノロジーを活用していくことが学校教育には不可欠です。

Contents

巻頭インタビュー
“AI時代”の学校教育
―子どもの「今」と「未来」を創る

ライフイズテック株式会社　取締役／最高AI教育責任者　**讃井康智**

Theme 1
AIと学校教育

Theme 2
ウェルビーイング

Theme 3

教育DX

Theme 4

政策

Theme 5
教育課程・学習

Theme 8 子ども

Theme 9
社会問題

Theme 10 **多様性**

Theme 11
VUCA時代

※本書内で紹介している外部リンクは執筆時点での情報となっております。

生成AIの躍進と社会への影響

Check
□生成AI活用の議論の現在地は？
□活用の注意点と今後の学校教育の方向性は？

☑生成AI活用の議論の現在地は？

生成AIが突如として世の中に出現してから間もない2023年4月、東京大学の副学長である太田邦史氏が「人類はこの数ヶ月でもうすでにルビコン川を渡ってしまったのかもしれない」と発言し、その変化の大きさと後戻りができない可能性を示唆しました。私自身も先日の中央教育審議会で、この発言を引用しながら「もはやSociety 5.0が到来していると捉えるべき」と述べました。狩猟、農耕、工業、情報と歩んできた人類が迎える新たな時代の到来です。

世界的には2023年5月のG7で「広島AIプロセス」という、生成AIの活用に関する担当閣僚会議の枠組みが定められ、本年度中に成果を報告するため議論を重ねていま

Society 5.0「科学技術イノベーションが拓く新たな社会」
説明資料１（内閣府）

す。９月初旬には声明が発表され、共通のリスクと機会の明確化、開発者向けの国際的な指針・行動規範の策定、偽情報識別の研究推進、という方向性が示されました。具体的な内容は声明をお読みいただくとして、簡単にまとめると生成ＡＩは様々な課題を解決できる可能性を秘めているから、リスクを把握しつつ上手に活用していこう、ということです。

日本では、２０２３年７月４日に文部科学省から「初等中等教育段階における生成ＡＩの利用に関する暫定的なガイドライン」が出されました。ガイドラインを読むと、冒頭には「本ガイドライン公表後も……（中略）……機動的に改訂を行うこととする」と記載されています。このような「改訂を前提としたガイドライン」は類を見ないものです。

話が急すぎてついていけない、と感じる方も多いかもしれません。どうしてこれほど急にＡＩの話が出てきたかというと、大規模言語モデルの精度が急速に高まったことにその背景があります。ＡＩは２０１０年にディープマインドという Google の子会社が行ったデモ以降、テクノロジー産業において最も大きな話題を集めていましたが、直近数年においては少し下火になり、イノベーションが止まったような印象をおもちの方もいらっしゃったと思います。それが去年、先述した精度の急激な上昇が判明したことにより、再び技術革新がはじまったというのが、ＡＩ活用への対応にスピード感が求められる背景です。

G7 広島 AI プロセス　G7 デジタル・技術閣僚声明
（総務省，2023年９月７日）

活用の注意点と今後の学校教育の方向性は？

文部科学省のガイドラインを紐解くと、生成ＡＩの教育活用に関する重要なポイントは以下に集約されます。

①「情報活用能力」の育成は非常に重要だが、生成ＡＩにはリスクもあるため、リスクに対応可能な学校からパイロット的に活用をはじめ、事例を積むべき。②全ての学校で、児童生徒の情報活用能力を育む教育活動を充実させ、ＡＩ時代に必要な資質・能力の向上を図るべき。③教師のＡＩリテラシーの向上に取り組むべき。生成ＡＩを校務に活用して、教師の働き方改革に取り組むべき。

また、気を付けるべきリスクについては、情報の真偽判断、個人情報やプライバシー保護、著作権侵害、基礎学力育成（例：感想文を生成ＡＩでつくりそのまま提出する）などを挙げています。これらの内容は全学校が留意して取り組むべき内容であり、その意味でガイドラインは非常に参考になる内容となっています。

ただこのガイドラインに書かれていることは現時点のものであり、本当に我々が進むべき方向性はもっと先にあるということは冒頭にあげた「改訂を前提とした」という表記からも明らかなことです。学習指導要領にある「知識及び技能」「思考力、判断力、表現力

初等中等教育段階における生成AIの利用に関する暫定的なガイドライン（文部科学省，2023年7月4日）

等」「学びに向かう力、人間性等」だけでは十分ではありません。

前段で「もはやSociety 5.0が到来していると捉えるべき」という話をしましたが、このような時代ではどんな力が必要になるのでしょうか。Society 5.0では、生成ＡＩから文章、画像や動画、音楽などのモノが無限につくられ、世の中に氾濫します。それらに対してどう向き合うかがわからなければ、何に対しても興味がもてず、全てに取り残されてしまうかもしれません。大量のモノに対して自分自身が興味をもって体験したり学んだりする「好奇心」「探究心」、そして「自分にとって価値あるモノを見つけ出す感性」が重要になるのです。何に価値があると感じるかは人によって違うはずで、それを決めるのは他ならぬ自分自身なのです。

そのために学校教育の中でできることは、児童生徒の「分析的に思考するための考え方」「未知の世界に挑戦する好奇心と自己肯定感」「他者と共に生きることの実感」「モノを作り上げる力」などを育む活動です。未来の日本・世界を支える人材を育むために、このような活動に取り組んでいくことは学校の責務であると感じています。そのためにも、教育に携わる人こそ生成ＡＩと向き合い、それを活用することが第一歩になるのではないかと思います。

（東明館中学校・高等学校　神野元基）

生成ＡＩの教育利用に関するガイドラインの公表

Check
□ガイドラインの目指すものとは？
□生成ＡＩの教育利用は何からはじめればよいか？

☑ガイドラインの目指すものとは？

２０２３年7月4日に文部科学省は「初等中等教育段階における生成ＡＩの利用に関する暫定的なガイドライン」をまとめました。現状は、かつてインターネット及び検索エンジンの普及が学校教育に多大な影響を与えた状況と似ています。ただ今回は、ＧＩＧＡスクール構想によって、全国の全ての小中学校にＩＣＴ機器環境が整備され、その気になればどの学校でも生成ＡＩの教育利用が可能ということが前提になっています。しかし、環境は整っていても、生成ＡＩを教育利用するための前提となるＩＣＴリテラシーには自治体、学校間の格差が存在しています。そのため、ガイドラインの冒頭では「新たな情報技術であり、多くの社会人が生産性の向上に活用している生成ＡＩが、どのような仕組みで

初等中等教育段階における生成 AI の利用に関する暫定的なガイドライン（文部科学省，2023年７月４日）

動いているかという理解や、どのように学びに活かしていくかという視点、近い将来使いこなすための力を意識的に育てていく姿勢は重要であり、一定の考え方を国として示すことが必要である」としつつも「生成ＡＩは発展途上にあり、多大な利便性の反面、個人情報の流出、著作権侵害のリスク、偽情報の拡散、批判的思考力や創造性、学習意欲への影響等、様々な懸念も指摘されており、教育現場における活用に当たっては、児童生徒の発達の段階を十分に考慮する必要がある」と示しています。つまり、生成ＡＩの教育利用には、様々な懸念があることを認めつつも、その利用は、これからの社会を生きていく上で必要なため、懸念に配慮しつつ、段階的に教育利用を進めていく方針を示したといえます。ガイドラインの読み込みでは「懸念」が最初のキーワードとなります。

さて、今回のガイドラインでは、「暫定的」「機動的な改訂を想定」という文言に注目する必要があります。つまり、生成ＡＩは発展途上のテクノロジーであり、その利用のガイドラインも、その進化に対応し続ける必要があり、常に変化するものであることが明確に示されました。つまり、「生成ＡＩ活用の適否に関する暫定的な考え方」で示された「適切でないと考えられる例」「活用が考えられる例」も、あくまで「暫定的」なものであり、「例示であり、個別具体に照らして判断する必要がある」としています。そこで、二つ目のキーワードは「暫定的」となります。今後、教育利用に取り組む教育委員会や学校は、その都度考えられる懸念に配慮しつつ、利用を検討していくことが重要です。

☑生成ＡＩの教育利用は何からはじめればよいか？

生成ＡＩの教育利用というと、授業の中でどう扱えばいいのかなどが議論されると思います。しかしそのまえに、まずは教師が生成ＡＩの特性を理解することが大切です。併せて、考えられる懸念に対応ができている学校から、順次教育利用を進めていくことが大切でしょう。ガイドラインからはまず取り組んでいくこととして次の３点が読み取れます。

1 ガイドラインの読み込みによる生成ＡＩの特性の理解

生成ＡＩの教育利用を進める基盤として、まずはその特性の理解が欠かせません。ガイドラインは「ＡＩは、あらかじめ膨大な量の情報から深層学習によって構築した大規模言語モデルに基づき、ある単語や文章の次に来る単語や文章を推測し、『統計的にそれらしい応答』を生成するものである。指示文（プロンプト）の工夫で、より確度の高い結果が得られるとともに、今後更なる精度の向上も見込まれているが、回答は誤りを含む可能性が常にあり、時には、事実と全く異なる内容や、文脈と無関係な内容などが出力されることもある」と説明しています。他にも、「あくまでも『参考の一つに過ぎない』ことを十分に認識し、最後は自分で判断するという基本姿勢が必要」、「対象分野に関する一定の知識や自分なりの問題意識とともに、真偽を判断する能力が必要」などが示されました。

2 各小中高等学校での校務での生成AIの利用

生成AIの特性を理解し、活用のリテラシーを高めるためには、実際に利用することが必要です。そこで、まずは先生方が授業での利用の前に、校務の中で利用していくことが有効であると考えます。ここでのキーワードは「たたき台」です。ガイドラインには「生成AIはあくまで『たたき台』としての利用であり、最後は教職員自らがチェックし、推敲・完成させることが必要であることは言うまでもない」とあり、またこの考えは、授業での活用に通用します。まずは校務で生成AIを利用することを通して、その特性を理解し、さらには学びの中で、どのような利用が想定されるかをイメージしていくわけです。

3 文部科学省の生成AIパイロット校や、県、自治体単位でのパイロット校での先行実践

教師による特性の理解を先行させることが重要とはいえ、生徒はすでに生成AIを利用しているのが現状です。そのため、教育委員会単位で、パイロット校を設定し、実証研究を進めることが求められます。ここでは、教育委員会と学校が連携していくことが大切です。また、文部科学省の事業の活用も有効でしょう。

（合同会社未来教育デザイン　平井聡一郎）

AI技術で変わる教員の働き方

Check
□結局、教師の働き方の何が問題なのか？
□AIは我々教員を救うのか？

結局、教師の働き方の何が問題なのか？

ＧＩＧＡスクール構想の追い風を受け、今までと比較にならないぐらい、学校ではデジタル化が進みました。進んでいる自治体や学校ではクラウド化が当たり前となり、仕事にかかるコストがかなり下がったように思います。しかし、職員会議のデータがクラウド化はおろか、ペーパーレスにもなっていない学校もあります。担当者がそれぞれWordでデータを作成して印刷、管理職が決裁し赤ペンでチェックをする。そうやって出来上がったデータを切り貼りして職員全員分を印刷し、ホチキス留めをして配る。こういった趣深い手法でいまだにやっている現場は、変わらなければいけません。今回のテーマのＡＩ以前の問題です。こういった「紙への信仰」にまつわる働き方の問題は氷山の一角であり、変

盛山文部科学大臣記者会見（令和５年10月６日）：文部科学省（文部科学省／mextchannel）

われない現場はまず自らが変わることが必要です。「昔からのやり方」の呪縛を解き放つ、そのマインドセットをもつことが全てのスタートであり、今回の記事の前提となります。

働き方問題の解決は最重要項目です。それにより教員を志す若い人が減っているという負の連鎖が最も重大だと私は考えます。一刻も早くこの問題は解決へと導く必要があります。人手不足で回っていない状態の現場に若い人が入ってきても、結局苦しい働き方になり、離職してしまうという悪循環が起こります。この循環を断ち切ることが、我々プレイヤーにも求められています。

今回は問題を一つに絞ります。盛山文科相は２０２２年度の教員勤務実態調査（速報値）の詳細分析を公表し、小規模校では教師の持ちコマ数が多いが勤務時間は短い傾向があり、一方、大規模校では持ちコマ数が少ないにも関わらず勤務時間が長い傾向があることを示しました。

私の経験上、大規模校では、ありとあらゆる「調整業務」が発生し、これにかなりのコストを割かれることで勤務時間が伸びがちです。そういった調整業務はＡＩが得意とするところです。ChatGPTを活用し調整業務を高速で処理することで、学校の働き方改革を進めるというテーマで斬り込んでいきましょう。

☑ AIは我々教員を救うのか？

ヒトが苦手で、ＡＩが得意なこと、それは「コチラも立てて、アチラも立てる」という仕事です。よく例として挙げるのが席替えです。40人学級で席替えをするとします。条件は①全員が前回と違う席、②隣同士が同じにならない席。この仕事をヒトがすると、どうなるでしょう。８割まではサクサクとできますが、残り２割のところで、「コチラを立てればアチラが立たず」という状況が連発します。「Ａさんをこの席にしたら、前回とは違う席になるが、でもＢさんとまた隣同士になる……じゃあＢさんを動かすと今度はＣさんが……」となるのです。

ChatGPT なら、無数の組み合わせを瞬時に試し、正解を導き出してくれます。その結果、「コチラも立てて、アチラも立てる」というミッションを完遂するのです。

たとえば運動会シーズンの４クラスの時間割を組むといった仕事は非常に複雑になります。特別教室や運動場の割り当て、専科の先生の時間、通級教室に行く子ども等の調整が必要になるので、みんなで顔を合わせて話し合うことになります。どうしても組めない教科を移動させると、今度は他学年の都合とバッティングしてまた考え直す……といったことが、大規模校の高学年の時には非常に多かったです。しかし、ChatGPT ならそういった様々な制約条件を示した上で時間割を組むといったことを瞬時にやってくれます。

ここでは運動会の全体練習の体育、専科のある音楽、ＡＥＴが来校する英語、特別教室の割り当てがある家庭科を調整した時間割を生成しました。「調整業務」をＡＩに任せることで、教員の働き方問題を軽減することが可能となるはずです。

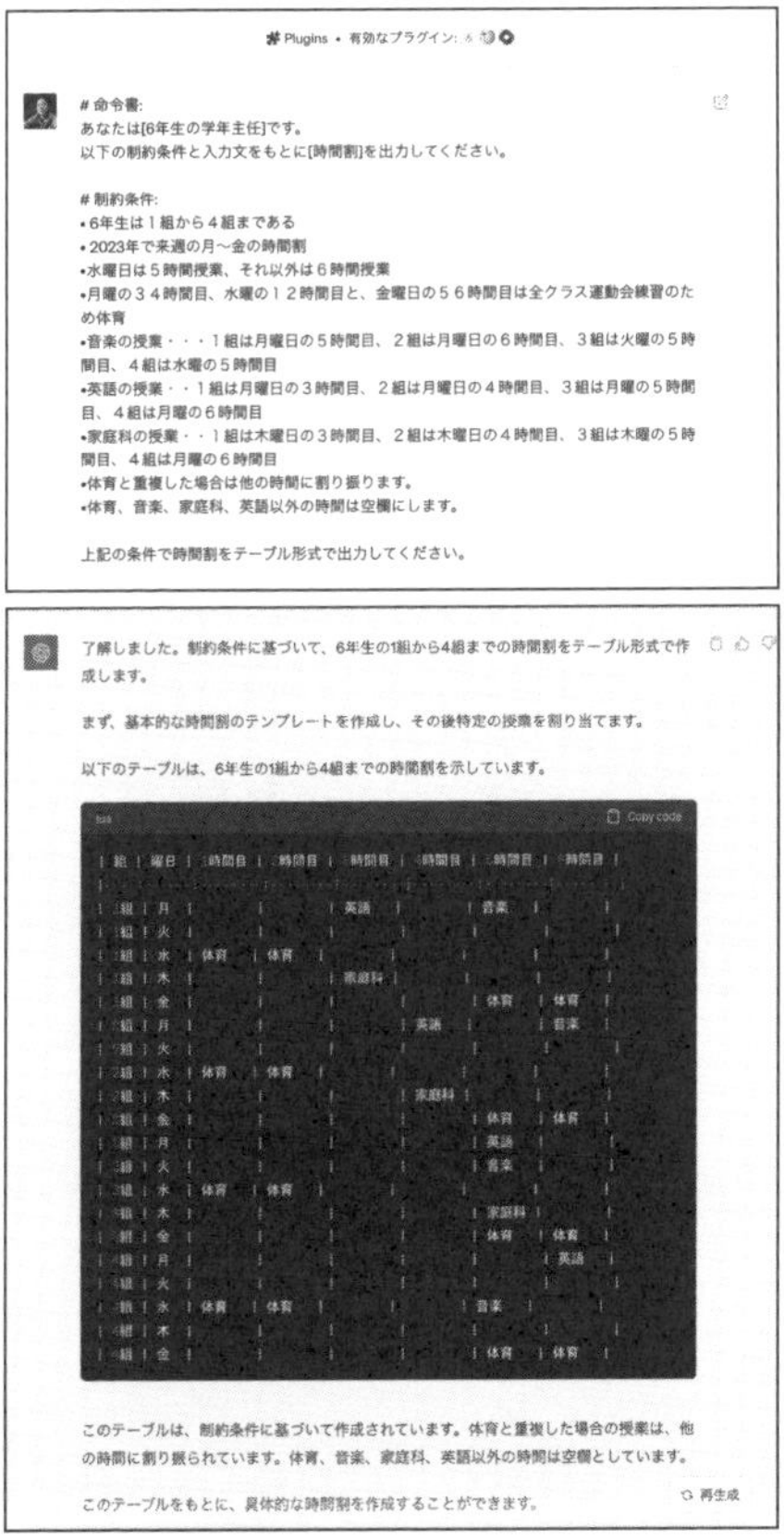
Plugins • 有効なプラグイン:
命令書:
あなたは[6年生の学年主任]です。
以下の制約条件と入力文をもとに[時間割]を出力してください。
制約条件:
• 6年生は１組から４組までである
• 2023年で来週の月～金の時間割
•水曜日は５時間授業、それ以外は６時間授業
•月曜の３４時間目、水曜の１２時間目と、金曜日の５６時間目は全クラス運動会練習のため体育
•音楽の授業・・・１組は月曜日の５時間目、２組は月曜日の６時間目、３組は火曜の５時間目、４組は水曜の５時間目
•英語の授業・・１組は月曜日の３時間目、２組は月曜日の４時間目、３組は月曜の５時間目、４組は月曜の６時間目
•家庭科の授業・・１組は木曜日の３時間目、２組は木曜日の４時間目、３組は木曜の５時間目、４組は月曜の６時間目
•体育と重複した場合は他の時間に割り振ります。
•体育、音楽、家庭科、英語以外の時間は空欄にします。
上記の条件で時間割をテーブル形式で出力してください。
了解しました。制約条件に基づいて、6年生の1組から4組までの時間割をテーブル形式で作成します。
まず、基本的な時間割のテンプレートを作成し、その後特定の授業を割り当てます。
以下のテーブルは、6年生の1組から4組までの時間割を示しています。
Copy code
このテーブルは、制約条件に基づいて作成されています。体育と重複した場合の授業は、他の時間に割り振られています。体育、音楽、家庭科、英語以外の時間は空欄としています。
このテーブルをもとに、具体的な時間割を作成することができます。
再生成
ChatGPT のプロンプト・出力の例

（京都府公立小学校　坂本良晶）

日本社会に根差したウェルビーイングの向上

Check
- □「ウェルビーイング」とは何か？
- □「日本社会に根差したウェルビーイングの向上」とはどういうことか？

☑「ウェルビーイング」とは何か？

ウェルビーイング（well-being）とは「身体的・精神的・社会的によい状態にあること」をいいます。大きくいえば「よく生きている状態」ということができるでしょう。日本語では「幸せ」という言葉がもっとも近いですが、短期的な快楽・幸福のみならず、生きがいや人生の意義など将来にわたる持続的な幸福を含むものです。

古くは1946年の世界保健機関（WHO）憲章の中で、健康の概念を表す用語として用いられ、近年では経済協力開発機構（OECD）などの世界の様々な機関で、これからの人々や社会が目指すべき在り様として提唱されている概念となっています。この背景には、経済的な豊かさだけではなく「こころ」の充足、生活への評価・感情・価値、健康までを含めて人々の幸せを捉える考え方が重視されてきていることがあります。いわば幸せの新しい「ものさし」・コンセプトということができるでしょう。

また、ウェルビーイングは、個人のみならず、個人を取り巻く場や地域、社会が持続的によい状態であることを含む包括的な概念です。自分のことだけではなく、家族や友人、自分の住む町・国がどのようにすればよい状態でいられるかについて考えることが大切になります。さらに、ウェルビーイングを考える際には、国や地域の文化によりその意味が異なることにも注意が必要です。それぞれの国・集団・地域での文化的価値につながるウェルビーイングの在り方を考える必要があります。多様なウェルビーイングの求め方を認め合うことが重要となります。

☑「日本社会に根差したウェルビーイングの向上」とはどういうことか？

これまでのウェルビーイングに関する国際的な比較調査においては、その捉え方に異なる文化間で差異があることが明らかになっています。たとえば、北米社会のように流動性が高く、主体性が高い個人が集まる場においては、ウェルビーイングは競争の中で自己実現をし、自尊感情が感じられるような獲得的な幸福感に基づくことが示されています。そうした社会では、個人の能力や性格、経歴から得られる経験などの個人の属性の望ましさ

教育振興基本計画（文部科学省）

を最大化することで幸福感を得ようとするため、自分の個人的な目標達成が幸福感につながる傾向があります。これに対して、日本社会のように流動性が低い場においては、ウェルビーイングは互いの協調性やバランスの中で安心感を得られるような協調的幸福感に基づくことが示されています。このため、他者を喜ばせることや他者とのつながりを感じられたりすることが幸福感につながる傾向があります。

第４期教育振興基本計画では、こうした文化差に着目しつつ、日本においては、ウェルビーイングの獲得的要素と協調的要素を調和的・一体的に育む日本社会に根差したウェルビーイングの向上を目指すことが求められるとされています。その上で、こうした日本発の考え方を「調和と協調

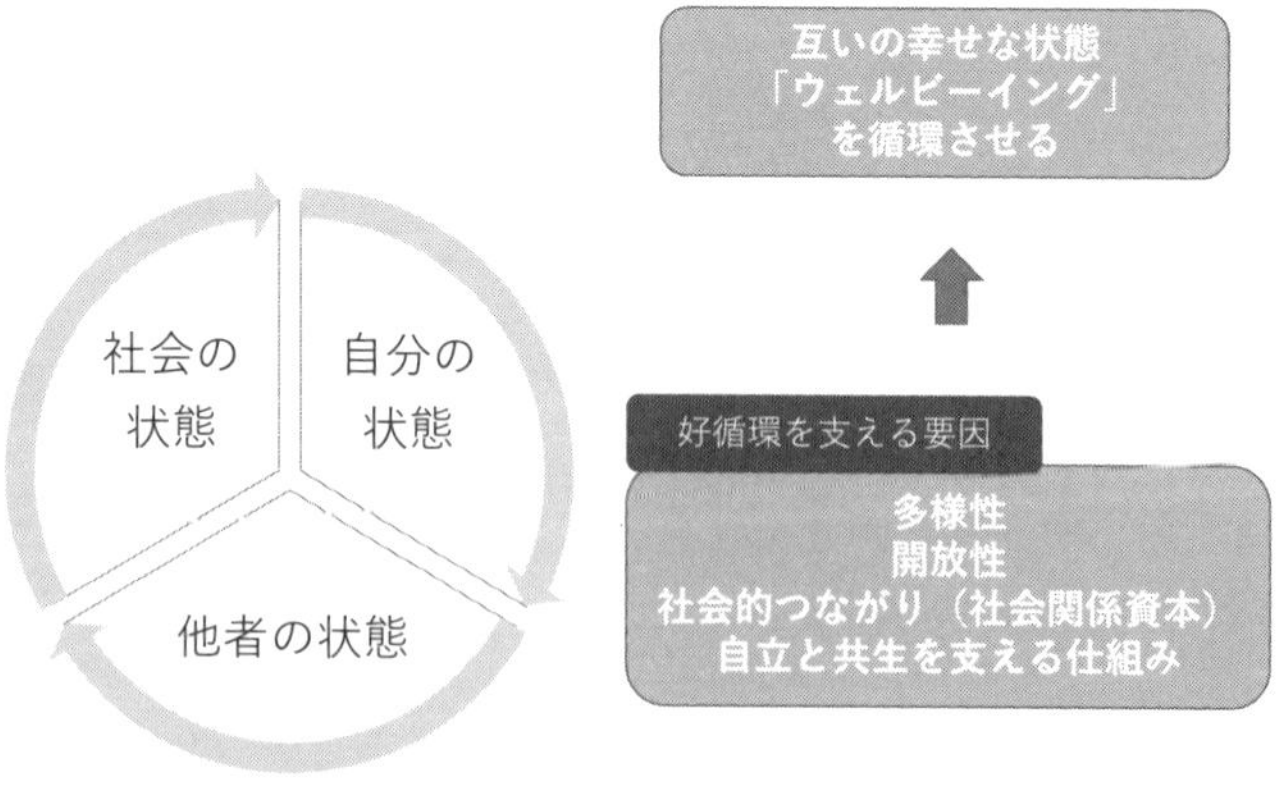

ウェルビーイングの循環

内田由紀子・中央教育審議会委員
「計画ポイント解説～ウェルビーイング編～」
（文部科学省 /mextchannel）

（Balance and Harmony）」に基づくウェルビーイングとして、国際的に発信していくことも重要であるとされています。

同計画では、日本社会に根差したウェルビーイングの要素として、「幸福感（現在と将来、自分と周りの他者）」、「学校や地域でのつながり」、「協働性」、「利他性」、「多様性への理解」、「サポートを受けられる環境」、「社会貢献意識」、「自己肯定感」、「自己実現（達成感、キャリア意識など）」、「心身の健康」、「安全・安心な環境」などが挙げられています。これらの項目の中には、獲得的な要素と協調的な要素が含まれており、教育を通じてこれらを向上させていくことが重要となります。

国際的な調査において日本の子どもたちのウェルビーイングの低さが指摘されることがあります。こうした調査の指標に着目することは重要ですが、世界的なランキングを上げることだけを目標にするのではなく、日本ならではの特徴やよさに注目しつつ、それぞれの地域や学校の中で自分たちのウェルビーイングとはどのような価値と結び付いているのかを考えていくことが大切です。

（京都大学　内田由紀子）

児童・生徒のウェルビーイングと学校教育

Check
□教育と「ウェルビーイング」の関係をどのように捉えればよいか?
□学校教育を通じて子どもたちの「ウェルビーイング」を高めるために何が必要か?

☑教育と「ウェルビーイング」の関係をどのように捉えればよいか?

ウェルビーイングは様々な要素により構成されるものであり、たとえばOECDの「ウェル・ビーイング指標」では、所得・資産、仕事・報酬、ワークライフバランス、住居、環境の質、健康状態、教育と技能、市民参加とガバナンス、社会とのつながり、生活の安全、主観的幸福感が指標として挙げられています。教育の成果としてのPISAスコアなどの学力も指標として重要ですが、将来の所得や仕事、生活の質などにも教育が大きく影響することを考えると、人々のウェルビーイングにとって教育が果たす役割はとても大きいものといえるでしょう。

第4期教育振興基本計画におけるウェルビーイングの向上についての資料では、教育においてウェルビーイングが求められる背景として、①不登校やいじめ、貧困など、コロナ禍や社会構造の変化を背景として子どもたちの抱える困難が多様化・複雑化する中で、一人一人のウェルビーイングの確保が必要となっていること、②子ども・若者に、つながりや達成などからもたらされる自己肯定感を基盤として、主体性や創造力を育み、持続可能な社会の創り手の育成を図る必要があること、③地域における学びを通じて人々のつながりや関わりをつくり出し、共感的・協調的な関係性に基づく地域コミュニティの基盤を形成することが必要であることが挙げられています。

世界的にも、学校という場が、そこに関わる多様な人たちの本来的な幸福感を高め、ウェルビーイングを醸成しうるということが注目されるようになってきています。それぞれの地域や学校において、そこで暮らす人々、子どもたちのウェルビーイングを高めるための教育の在り方を考えていくことが求められます。

☑学校教育を通じて子どもたちの「ウェルビーイング」を高めるために何が必要か?

教育に関連するウェルビーイングの要素（22頁〜参照）は、何か特定の教育活動を行うことで高まるという性質のものではなく、教育活動全体を通じてウェルビーイングを向上させていくという考え方が重要です。個別最適な学びや協働的な学びや多様な教育ニーズ

次期教育振興基本計画について（答申）
参考資料・データ集（中央教育審議会，2023年３月８日）

への対応・生徒指導、豊かな心や健やかな体の育成、安全・安心など、これまで学校教育で取り組まれてきた教育活動を着実に行っていくことが子どもたちのウェルビーイングの向上につながります。

このことに加えて、第４期教育振興基本計画で新たに重視されているのは、子どもたちの主観的な認識が変化したかについてエビデンスを収集していくことが求められている点です。令和５年度の全国学力・学習状況調査の質問紙調査では、幸福感に関する項目が新たに追加されるなど、ウェルビーイングの議論を踏まえた内容となっています。今後、調査結果をさらに分析するとともに、教育委員会や学校でも子どもたちのウェルビーイングに関する指標の状況を把握・分析し、改善に生かしていくことが重要です。その際、大人だけで考えるのではなく、子どもや学校現場の声を聴いて改善につなげていく視点をもつことが大切となるでしょう。

子どもたちのウェルビーイングを高めるためには、教師のウェルビーイングを保つことも極めて重要です。第４期教育振興基本計画でも、学校が教師のウェルビーイングを高める場となることが重要であり、子どもの成長実感や保護者や地域との信頼関係があり、職場の心理的安全性が保たれ、労働環境などがよい状態であることなどが求められるとされ

内田由紀子・中央教育審議会委員
「計画ポイント解説～ウェルビーイング編～」
（文部科学省 /mextchannel）

ています。子どもために教師が自らのウェルビーイングを犠牲にするのではなく、教師のウェルビーイングが確保されてこそ子どもたちのウェルビーイングも育まれるという考え方が重要です。そのためには、教師・支援人材の充実や学校の働き方改革を通じて子どもと向き合う時間を増やし、メンタルヘルスを保ちつつ、やりがいをもって日々の学校での仕事に取り組むことができる環境をつくることが必要となります。学校経営においても、子どもだけではなく、教師のウェルビーイングの向上を方針の一つとして取り組むことも有効となるでしょう。こうして学校を中心にウェルビーイングが高まり、それが保護者や地域・社会に広がっていき、将来にわたって世代を超えて循環していくという姿（下図）を目指していくことが求められます。

（京都大学　内田由紀子）

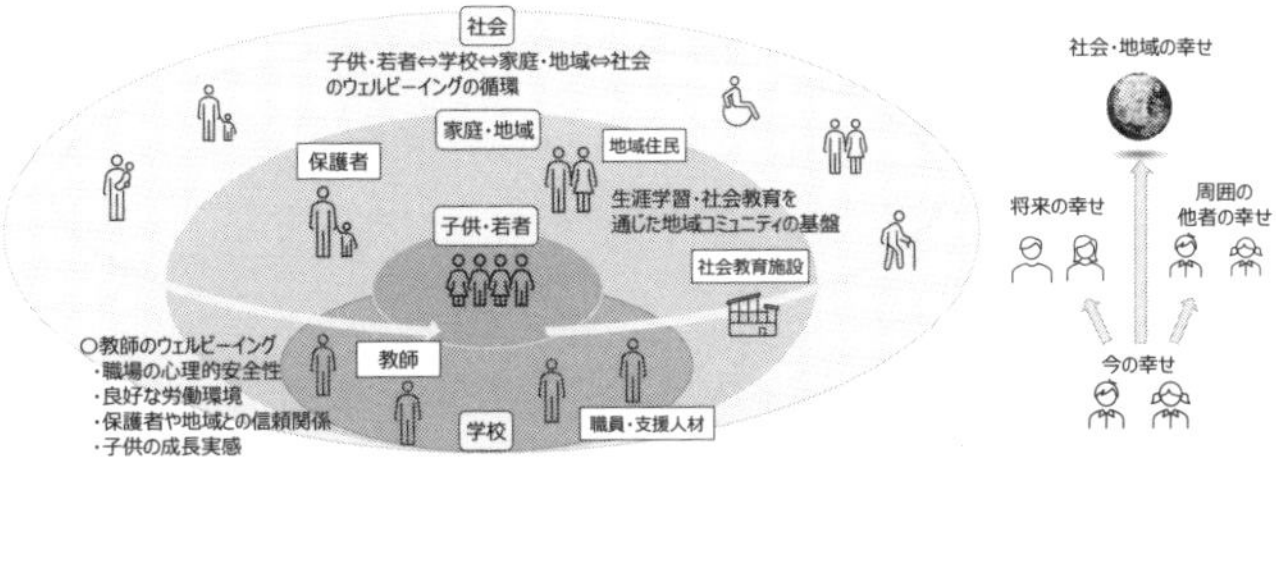

教師のウェルビーイング，学校・地域・社会のウェルビーイング

ウェルビーイングな学校づくりと心理的安全性

Check
□なぜ「ウェルビーイング」が求められる？
□ウェルビーイングな学校づくりと心理的安全性の関係は？

☑なぜ「ウェルビーイング」が求められる？

1 ウェルビーイングの概念

ウェルビーイングとは身体的・精神的・社会的によい状態にあることをいいます。短期的な幸福のみならず、生きがいや人生の意義などの将来にわたる幸福を含んだ持続可能な幸福を表します。そして、個人を取り巻く場や地域・社会が、幸せや豊かさを感じられるよい状態にあることも含む包括的な概念です。

2 なぜウェルビーイングが求められるのか

現在、経済先進諸国において、経済的な豊かさのみならず、精神的な豊かさや健康までを含めて幸福や生きがいを捉える考え方が重視されてきています。その指標をＧＤＷ

次期教育振興基本計画について（答申）　参考資料・データ集　p.31～「ウェルビーイングに関する資料」（中央教育審議会，2023年３月８日）

（Gross Domestic Well-being　国内総充実）とし、よりよい社会をデザインしていくためにウェルビーイングという概念と新指標を、これからの時代の社会アジェンダにすることを目指しています。ＯＥＣＤ（経済開発機構）の「Learning Compass 2030（学びの羅針盤2030）」では、個人と社会のウェルビーイングは「私たちが望む未来」であり、社会のウェルビーイングが共通の「目的地」とされています。これらのことから、教育の現場からも子どもたちや教職員、保護者・地域の方々のウェルビーイングの実現を目指し、向かうべき道であることが示されているのです。

３ 学校現場の現状から

現在、学校現場では、様々な課題が山積しています。幸せな職場は「創造性も生産性も高く、離職者が少ない」というエビデンスがあります。多くの課題を抱える今だからこそ、学校現場でもウェルビーイングの考え方を共有し、一人でも多くの教職員が笑顔で生き生きと幸せに働くことのできる職場をつくっていくことが必須であります。また、子どもは幸せに生きる大人の後ろ姿を見て、幸せに生きる力を身に付け成長していきます。このことからも、教育現場にいる私たち一人一人ができること、それがウェルビーイングの考えの共通理解と体現、実践なのです。なお、ここでいうウェルビーイングの考えとは、世界中で発表されているウェルビーイングについての研究のエビデンスや学術的な分析結果によるものです。

ウェルビーイングな学校づくりと心理的安全性の関係は？

ウェルビーイングな学校づくりに必要なのは、前述のとおり、ウェルビーイングの考えについて全職員で共通理解し、体現していくことです。そして、そのことを支えるベースとなるのが「職場の心理的安全性」です。「心理的安全性」とは、チームの一人一人が、率直に意見を言い、質問をしても安全だと感じられる状況があることです。「心理的安全性」のある組織は、「業績向上に寄与する」「イノベーションやプロセス改善が起きやすくなる」「意思決定の質が上がる」「情報・知識が共有されやすくなる」と、ビジネス組織において有効であるという証拠が次々と報告されています。これらのエビデンスも、現在の学校現場の課題解決のために必要なことであります。

「心理的安全性」を組織の中で構築させるためには、組織の中に「話しやすさ」「助け合い」「挑戦」「新奇歓迎」の四つの因子が必要です。この四つの因子を実現させるには、全職員の心の在り方「感謝、信頼、愛、尊敬」等の相手を大切に思う心を、全員がもち体現していくことで実現されます。特に組織として努力が必要なのが「新奇歓迎」ではないでしょうか。新しい考えを歓迎する寛容な心が試されます。新奇というのは、年齢や経験年数に関係なく、自分にとって初めての考え、自分と違う考えのことだと捉えます。「お！新しい考え！　融合したらどうなるか！」「相手の心に響かせるにはどう伝えたらよいか考えるチャンス！」などと考えることを楽しんだり、合意形成力を高めたりすることができるチャンスだと私は考えております。

最後に大切なことは「組織としての高い目標」があることです。心理的安全性が高く目標が高い職場は、全員でその目標を目指し「学習する職場」となります。このことを理解し組織をマジメントすることで「ヌルい組織」へと変化すること無く、高い目標（ウェルビーイングを実現する学校づくり・学校教育目標や目指す学校像の実現・学力向上等）を達成することができるのです。

（埼玉県上尾市立平方北小学校　中島晴美）

	目標基準が低い	目標基準が高い
心理的安全性が高い	ヌルい職場 目標は低く，仕事の充実感も低い。結果は重要ではない。	学習する職場 健全な意見を出し合い高いパフォーマンスを目指し学習して成長する職場。
心理的安全性が低い	サムい職場 余計なことをせず，自分の身を守る。言われた以上のことはしない。ミスを隠す。	キツい職場 不安と罰によるコントロールが幅をきかせる。ノルマは高いが協力性はない。

出典：石井遼介『心理的安全性のつくりかた』（日本能率協会マネジメントセンター，2020年）p.37図１－６をもとに一部加除修正して作成

教育データの標準化と分析・利活用の推進

Check
- □ 教育データの標準化とは？
- □ 教育データの利活用を推進していくためには？

教育データの標準化とは？

教育データとは、教育や学習に関する情報をデータ化したもので、GIGAスクール構想により実現した1人1台端末の環境において、全ての子どもたちの可能性を引き出すための利活用が期待されています。その在り方は、私も設置当初から関わっていますが、文部科学省が設置した有識者会議を中心に現在進行形で議論されていて、非常に多種多様ではありますが「初等中等教育段階の学校教育における、児童生徒・教師・学校及び学校設置者の、定量的または定性的なデータ」と定義されています。これまでの議論で、教育データ利活用に関する原則や視点が整理され、安心・安全な利活用のための留意事項も公表されました。さらに今後の取組を普遍的かつ円滑に進めるために、「標準化」に向けた議論

文部科学省　教育データ標準（文部科学省）

や、政策として波及するためのユースケース創出に係る実証も進められているところです。

次に「標準化」とは、使用する人やシステムが異なっても同じように蓄積や分析などができるようにデータの意味（規格）を統一することです。教育データは学校や自治体、民間企業など、様々な主体によって収集・管理されているため、データの内容面とシステム等の技術面それぞれで標準化を進め、活用しやすい環境をつくる必要があります。

内容に関する規格は「主体情報（児童生徒や教師、学校等の基本情報）」「内容情報（学習指導要領など学習内容等の情報）」「活動情報（教育現場における活動から得られる情報）」の三つに分類されます。現時点では主体情報と、内容情報のうち学習指導要領コード、そして活動情報のうち体力情報が整理され、教育データ標準として公表されています。

これらは、本来、学習者本人の振り返りや、学校等での指導、政策や研究といったそれぞれの局面で学習活動の効果を最大にするために、どのようなデータをどう活用するかという観点で標準化の議論を進めるべきと思いますが、活動の成果を測ることができるという意味で重要な活動情報の標準化はあまり進んでいません。活動情報として標準化されたデータは指標として重要視され活用が広がっていくと思われますので、慎重な議論が必要なのは間違いないのですが、これをどのように進めていくかは今後の課題でしょう。

学習ｅポータル標準モデル　Ver.3.00（一般社団法人 ICT CONNECT 21，2023年３月29日）

技術的な規格の標準化については、各ツールのハブになり学習の窓口となることを期待されている学習ｅポータルが議論の主な対象となっていて、現在までに学習ｅポータルのコンセプトや、ＭＥＸＣＢＴをはじめとする学習ツールや校務支援システムとの技術連携仕様、運用に関する指針や要件、検討課題などが標準モデルとして公表されています。

☑ 教育データの利活用を推進していくためには？

課題を大きく挙げるとすると、①教育データの収集・蓄積・分析・活用に必要な基盤等の環境を整備すること、②教育データの利活用を学校教育の仕組みにしっかりと位置付けること、③安心・安全な利活用のためのルール等を整備すること、などが必要になります。

それぞれの課題を解決するために様々な議論が進んでいるところではありますが、さらに議論を深めていくためには「標準化」が改めて重要になってくるでしょう。学力や資質・能力をはじめとした子どもたちの可能性をどのような指標で把握していくか、そういった基準がなければ、それぞれの課題の具体的な検討が進めにくいからです。そして「標準化」を進めるために、研究者に関わってもらいながら、学校現場での実証を積極的に進めていくことが大きな原動力になると考えます。しかもその実証が自治体の枠を越えたものであればさらによいでしょう。データ量が多くなれば、分析の信頼度、検証の質が上がるからです。学術的に検証しながらデータ利活用の事例を増やすことで検討の材料が増え、「標準化」の議論が進むことになります。より多くの自治体にデータ利活用の取組に挑戦していただき、国にはその挑戦を支える仕組みを整えてもらいたいと思います。

また、同時に考えなければならないのは、どうすれば学校現場が腹落ちして教育データの利活用に取り組めるかという点です。一番よいのは学校が目指したい教育がはっきりあって、その実現にデータ利活用という手段がしっかりと位置づいている状態が出来上がっていることです。その状態を目指すために、まずは取り組んでみて有用性を感じてもらうというステップも必要ですし、教師が納得できるような「教育データを利活用した教育のあるべき姿」を明示し、広く周知していくことも必要だと思います。加えて、教師のデータリテラシーを高めていく取組や、学校現場や教育委員会に教育データ利活用を担う人材を配置する取組も、長い目でみると重要になってくるでしょう。

教育データの利活用は、検証や議論が必要な範囲が広く、内容も多種多様なため、教育関係者以外にも、産官学などより多くの人の参画が取組推進の近道だと思います。より効果的な利活用の在り方を見定め、その取組を広げていけるよう、様々な立場の方々が参加してくださることを切に願っています。

（戸田市教育委員会教育長　戸ヶ﨑勤）

日々の学習・授業におけるMEXCBTの活用

Check
□MEXCBTとは何か？
□どのように活用すればよいか？

☑MEXCBTとは何か？

たとえば、全国でも地方自治体でもいいですが、学力・学習状況調査（全国学調・地方学調と略す）を思い出してみてください。これまでは、紙が中心でしたが、これをコンピュータで実施しようとするものです。紙がベースとなるテストをPBT（Paper Based Testing）といいますが、コンピュータをベースにしたテストは、CBT（Computer Based Testing）と呼ばれます。その背景に、国際学力比較であるPISA（OECD 生徒の学習到達度調査）などの国際的な学力調査が、CBTで実施されていることが挙げられます。その理由は、紙では、文字や図表が中心で、音声や動画の提示が不可能だからですが、CBTであれば、容易に実現できます。音声を聞きながら回答することは、英語などのテスト、動画

文部科学省 CBT システム（MEXCBT：メクビット）について（文部科学省 総合教育政策局 教育 DX 推進室，2023年９月26日更新）

を見ながらの回答は、問題解決などのテストをイメージすれば、広い範囲のテストが可能になることがわかります。多肢選択問題などであれば、即時の採点結果を返すことができます。子どもたちの成績は、年度毎の経年比較、テスト内容毎の分析などによって、今後の指導に活かすことができます。このように国際学力調査などでは、紙ではなくコンピュータを用いたテストであるＣＢＴが、国際標準、グローバルスタンダードになっています。

そこで、文部科学省が中心になって開発したＣＢＴが、ＭＥＸＣＢＴ（メクビット）と呼ばれます。前半のＭＥＸは、文部科学省の英語名の略称であるＭＥＸＴから来ています。ＭＥＸＣＢＴは、ＣＢＴシステムですから、問題のデータベース（問題バンクと呼ぶ）があり、問題の選択から自動採点や結果のフィードバックなどの機能があります。

問題バンクには、全国学調や地方学調の問題など、公的機関が作成した問題が蓄えられていて、利活用できるようになっています。２０２３年7月現在では、約4万問の問題群があり、公立小学校の約70％、公立中学校のほぼ全てが登録しています。その背景には、1人1台端末がＧＩＧＡスクール構想によって、全ての小中学校の児童生徒に整備されたことで、ＭＥＸＣＢＴが利活用しやすい環境ができたことによります。

「学習eポータル」まとめページ
（ICT CONNECT 21ホームページ）

どのように活用すればよいか？

具体的なMEXCBTの活用の仕方がイメージできることが大切です。文部科学省のサイトからの活用の流れ図を示します。

1人1台端末があって、インターネットにつながれています。そこで、学習eポータルのサイトにつなげます。具体的には、学習eポータルのURLにアクセスし、ログイン画面からログインID及びパスワードを入力し、「サインイン」をクリックして入ることができます。学習eポータルについて詳細は記述しませんが、ポータルとは玄関とか入口のことですから、そこに入れば、MEXCBTをはじめ、いろいろな学習教材などに、個別のIDとパスワードを入力しなくてももつながります。

そこからMEXCBTに入り、問題を選

活用の流れ

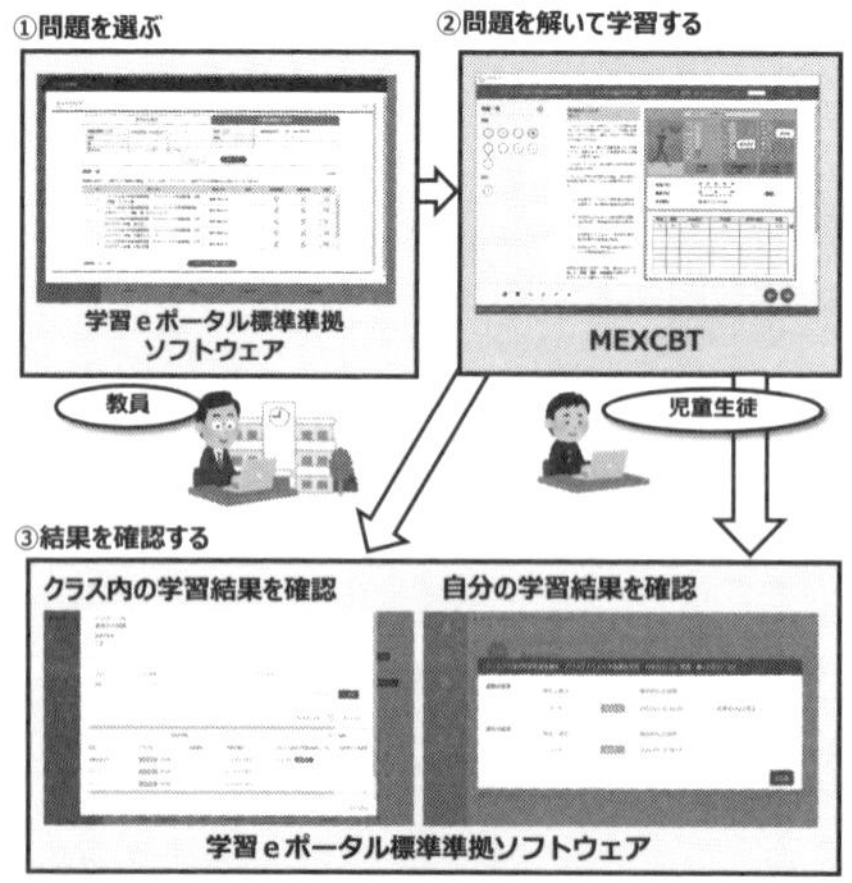

出典：「文部科学省CBTシステム（MEXCBT：メクビット）について」（文部科学省）

択して回答すれば、自分で結果を確認することができるし、教員もクラス全体や個々の子どもたちの回答状況を見て、個別指導に活かすことができるのです。
　自治体や学校によりますが、端末の持ち帰りができる場合は、家庭からもＭＥＸＣＢＴにアクセスできます。学習ｅポータルが何故用いられるかは、ＭＥＸＣＢＴのみならず、多様な学習教材や練習問題などが学校に導入されていますが、それぞれにアクセスするには、先に述べたように一般的には、ＩＤとパスワードを入力しなければなりません。それを、１回の入力だけでアクセスできるようにするシングルサインオンの機能が、実装されているからです。さらに、デジタル教科書やそれに伴う教材や練習問題などは、全て関連していますので、たとえば、ある問題が不正解だったら、どの教材なのか、どの教科書のどの単元なのかを、直ちに提示して学習できるようになります。それは、教科書、教材、問題がデジタル化されていて、学習指導要領の元に紐づけされているからですが、それは、これから実現される予定になっています。さらには、教科書でも教材でも問題でも、全てデータが伴います。したがって、これらのデータを紐づけて分析すれば、個に応じた指導が可能になりますが、それはこれからの課題になっています。

（東京工業大学名誉教授　赤堀侃司）

校務DXの推進

Check
□校務DXとは？　校務の情報化と何が違うのか？
□校務DXの実現に向けた環境整備とは？

校務DXとは？　校務の情報化と何が違うのか？

従来「校務の情報化」と呼ばれ、文部科学省「教育の情報化に関する手引」等において、その重要性が示されてきました。その後、「ＧＩＧＡスクール構想の下での校務の情報化の在り方に関する専門家会議」で検討がなされ、２０２３年3月に「ＧＩＧＡスクール構想の下での校務ＤＸについて～教職員の働きやすさと教育活動の一層の高度化を目指して～」と報告書が公表されました。ここで「校務ＤＸ」という言葉が、今後の校務のあるべき姿の名称となりました。従来の目的である「効率的な校務処理による業務時間の削減、ならびに教育活動の質を向上」に加えて、ＧＩＧＡスクール構想が目指す学びの未来の相似形として次世代の校務ＤＸを捉え、データ連携による新たな学習指導・学校経営の高度

GIGAスクール構想の下での校務DXについて〜教職員の働きやすさと教育活動の一層の高度化を目指して〜（文部科学省）

化を行っていくことを目指しています。

まず、この相似形を強く意識していく必要があります。校務DXも授業DXも同時に考えていく必要があります。その一つに、教員と子どものICT活用を相似形にすること、具体例として汎用のクラウドツールの活用が挙げられます。GIGAスクール構想では、最新のクラウドをフル活用し、ソフトウェアもデータもパソコン本体に保存せず、クラウド上で集中管理することで、安価な情報端末の整備等を可能にしました。GIGAスクール構想の標準仕様書には「ツールは学校における使用であっても、学校向けの特別な仕様である必要はなく、一般向けのソフトウェアで十分である」と示され、子ども専用の学習ツールは予算化されませんでした。これらの結果、実は校務の方がICT環境としては古い発想のままとなりました。そこで、授業と校務で、同じ汎用のクラウドツールを活用し、研修を減らし、世の中で起こっているDXと同様のメリットを最大限に享受します。

従来の校務支援システムと汎用のクラウドツールは、コミュニケーション機能などにおいてが重なる点があります。今後、校務支援システムといった専用システムでは成績処理などの機微な情報を扱い、汎用のクラウドツールによって教職員間のコミュニケーション等を迅速化し、活性化していくことになります。

☑ 校務DXの実現に向けた環境整備とは？

校務の効率化のみならず、データ連携による新たな学習指導・学校経営の高度化を目指していく必要があります。そのために次世代の校務DXの方向性として、専門家会議の報告書では、①働き方改革、②データ連携、③レジリエンスの三つの観点を挙げています。

働き方改革の観点では、汎用のクラウドツールの活用、校務支援システムのクラウド化、教職員用の端末の一台化を図ります。その結果、校内や校外などロケーションフリーで校務系・学習系システムへ接続可能な環境となり、教職員一人一人の事情に合わせた柔軟かつ安全な働き方を目指します。従来、校務用と学習用とに分けられていた端末は一台に統合されますが、クラウドを安全かつ効果的に活用するために、教職員向けのスマートフォンを整備するといった一般企業と同様の取組が求められるでしょう。

データ連携の観点では、校務系・学習系システムを円滑に接続させ、各種データをダッシュボード機能により統合的に可視化し、学校経営・学習指導・教育政策の高度化を図っていきます。

レジリエンスの観点では、システムをクラウド化することによって、大規模災害等が起こった場合にも業務の継続性を確保することを目指します。

ＩＣＴの発展は著しいものがあります。日常的に学校現場でコンピュータを使っていて不便だと感じることは、世の中を見渡せば解決策があり、それらを既に活用している企業や機関もあります。その場合、単純な問題解決どころか、さらに統合的で総合的な視点に基づき、本質から高度化していることが常です。単なる情報化ではないと知ることができます。近年、ＩＣＴを活用しない業務はありませんので、ＩＣＴ環境が不十分であれば、それらが組織の足かせとなります。当初のＩＣＴ環境が想定した以上に、組織が発展することは難しいといえます。本質的な視点からの継続的な情報収集とＩＣＴ環境の見直しが必要といえるでしょう。単にＩＣＴ技術に詳しいだけではない担当者が求められているといえます。

（東京学芸大学　高橋　純）

次世代の校務 DX の方向性

GIGA スクール構想が目指す学びの未来の相似形として

①働き方改革	汎用のクラウドツールの積極的な活用 校務支援システムのクラウド化と教職員用端末の一台化 →教職員の負担軽減・コミュニケーションの迅速化や活性化へ
②データ連携	校務系・学習系システムの円滑な接続 各種データをダッシュボード機能により統合的に可視化 →学校経営・学習指導・教育政策の高度化へ
③レジリエンス	学校の業務に関する主要なシステムをクラウド化 →大規模災害等が起きた場合にも業務の継続性を確保へ

次世代の校務 DX の方向性

1人1台端末の利活用状況とBYOD・BYADの可能性

Check
□現在の1人1台端末の利活用状況はどうなっているのか?
□今後BYODの可能性はどうなるか?

☑現在の1人1台端末の利活用状況はどうなっているのか?

我が国は、現在の情報社会（Society 4.0）が抱える課題や困難を科学技術により克服し、人間中心の社会（Society 5.0）の実現を目指しています。そうした時代を生き抜く子どもたちには、初等中等教育段階において、いつでもどこでもICTを利用できる環境が必要であり、文部科学省は2020年度の新学習指導要領の実施に合わせて、校内LANや児童生徒一人に一台の学習端末を整備し、「個別最適な学び」と「協働的な学び」の一体的な充実を図る「GIGAスクール構想」の実現を目指す取組をスタートさせました。

児童生徒1人1台端末や情報通信ネットワークが整備されることで、一人一人のデジタルデータを保存できるクラウドサービスの利用が可能になり、グループで協力して情報を

1人1台端末の活用状況について
（文部科学省，2023年9月1日）

収集、整理して発表資料を作成したり、学習の振り返りや学習成果物をデジタル・ポートフォリオにまとめるといった学習活動が可能になりました。２０２３年９月に公表された文部科学省の調査では、「ほぼ毎日」１人１台端末を授業で活用している学校は小・中学校ともに60％を超え、「週３回」活用している学校を合わせると小・中学校ともに90％程度という結果になっています。

一方、高校は国の１人１台端末整備補助の対象外となっており、１人１台の端末整備を自治体が負担するか、保護者が負担するか、都道府県ごとに対応が分かれる結果になりました。２０２３年７月に公表された文部科学省の調査結果によると約半数の自治体が保護者負担で１人１台端末を実現しています。その方法としては、保護者に学校が指定した機種を購入してもらう「ＢＹＡＤ（Bring Your Assigned Device）」や、推奨スペックを満たしていれば、既に家庭にある端末や生徒が選んで購入した端末を学校に持ち込んで授業で活用する「ＢＹＯＤ（Bring Your Own Device）」、学校が指定した複数の機種の中から生徒が選んで購入する「ＣＹＯＤ（Choose Your Own Device）」などがあります。

こうして整備した１人１台端末の活用を推進するためには、学校全体で主体的・対話的で深い学びを目指した授業改善に取り組むことが効果的で、具体的には、正解が一つでは高等学校における学習者用コンピュータの整備状況について（令和５年度当初）（文部科学省初等中等教育局修学支援・教材課，2023年７月）

ない「開かれた問い」の工夫や、「学習の見通しや振り返り」を行う学習活動を取り入れることが重要といえます。

☑ 今後ＢＹＯＤの可能性はどうなるか？

現時点では、ＢＹＯＤ又はＢＹＡＤ（ＣＹＯＤを含む）を導入しているのは、高校が中心といえます。生徒１人１台端末をＢＹＯＤやＢＹＡＤで実現する場合は、経済的な理由等で端末を用意するのが困難な生徒に対して丁寧な対応が必要です。その解決策として、学校の端末を長期間貸し出すことや自治体が補助金を用意するなどの方法が考えられます。

また、ＢＹＯＤで１人１台を実現した場合は、教員が多様な機種やＯＳの対応をすることが困難であるため、生徒は事前に端末の基本的な操作を身に付けておくことが望ましいといえます。なお、ＢＹＯＤの場合は、授業で使うソフトウェアは、ＯＳに関係なく利用できるクラウドサービス（Google Workspace や Microsoft365等）やＷｅｂアプリに限定されますが、それだけ利用できれば十分に充実した学習活動を行うことができます。

高校によって対応は異なりますが、授業規律（授業での約束事）を確立できれば、ほとんどの高校生が持っている個人所有のスマートフォンをＰＣと併用することも考えられます。たとえば、ＰＣで発表資料を作成しながらスマートフォンで情報検索するなど、多くの大人がやっていることを生徒にも行えるようにし、どの場面でどの端末を使うかを教員の指示ではなく、生徒が各自判断し学習していくことが望ましいといえます。

ＭＤＭ（モバイルデバイス管理）で管理された端末を自治体から借りる場合に比べて、生徒が自由に使える端末を所有する方が、生徒は責任をもって自分で端末を管理し、学習以外の趣味等での活用が広がり愛着をもって自由に使い倒すようになることが期待できます。

このように、高校生の１人１台端末の活用のスタイルは、現在の大学生に近いものになりつつあります。自分の情報は自分で管理し、学習成果物をデジタル・ポートフォリオなどにまとめていくといった学習活動を主体的に行い、これまで以上に高校生が情報社会に積極的に参画し、新たな価値を創造できる人材に成長していくことを期待しています。

（神奈川県立希望ケ丘高等学校　柴田　功）

1人1台を実現する方法	BYOD Bring Your Own Device 自由持込	CYOD Choose Your Own Device 選択購入	BYAD Bring Your Assigned Device 指定購入	学校端末貸出 （自治体負担）
説明	個人のスマートフォンや自宅にある端末を含めて，自由に端末を学校に持ち込む方法	学校が端末の仕様や機種を複数指定して，その中から生徒・保護者が選択して購入する方法	学校が端末の仕様を決めて保護者が指定された端末を購入する方法	学校（自治体）が整備した端末を生徒に長期間貸し出す方法 更新時期が迫っている
自治体の視点	財政を圧迫しないで済む			財政を圧迫する
教員の視点	機種が揃っていないと指導しにくい（と思っている） 端末の性能の差が学習効率の差になると心配する声がある		機種が揃っていて指導しやすい（と思っている） 平等なのはよい（と思っている）	
生徒の視点	好みの端末を選べる		好みの端末を選べない	
保護者の視点	家にあるもので良いので経済的に助かる	各家庭の経済格差が目に見えてしまう	各家庭の経済的な事情に配慮がなく負担が大きい	中学校と同じく，自治体が用意してくれて助かる

そもそもBYODって何？

デジタル教科書の段階的導入と今後の活用

Check
□デジタル教科書の段階的導入で何を目指すのか?
□次世代の学びはどう変わるのか?

☑デジタル教科書の段階的導入で何を目指すのか?

学習者用デジタル教科書は、新学習指導要領に対応した「主体的・対話的で深い学び」を実現するために制度化されたもので、2024年度からは、小学校5年生から中学校3年生までの英語のデジタル教科書が全国の小中学校に提供される予定となっています。文部科学省は、学習者用デジタル教科書についてホームページで、「学習者用デジタル教科書とその他の学習者用デジタル教材を組み合わせて活用し、児童生徒の学習の充実を図ることも想定される」と示しています。つまり、学習者用デジタル教科書自体はできるだけシンプルで軽いものとし、多様なデジタルリソースと円滑につながることに重点をおいていることがわかります。このことは、デジタル教科書の導入により児童生徒の学びのプロ

学習者用デジタル教科書について（文部科学省）

セスを複線化し主体的・対話的で深い学びへの進化を目指しているのではないでしょうか。

　その実現の一つがＧＩＧＡスクール構想によって整備された環境と連携することです。各自治体が整備した、１人１台端末には、協働学習が可能になるＯＳによる協働学習支援ツール（Teams や Google Classroom 等）や、個別デジタルドリルが導入されています。これらの環境と連携することにより、児童生徒は単に学習者用デジタル教科書の機能だけを使って教科書をなぞるように学ぶのではなく、53頁の図に示すように多様なプロセスで課題に迫ることができるようになります。たとえば、教科書内に示された課題に出合い問いや疑問を解決するためにデジタル教科書内の拡大機能や読み上げ機能、さらにはそこに示された多くの情報を使うことができます。その際、学習者用デジタル教科書は、最初に出合う良質で安全な情報源となり、活用していく中で様々な疑問や興味が生じてきたらインターネットで検索したりインタビューしたりしながら課題解決のための情報収集をはじめることができます。収集した情報は、協働学習支援ツールで瞬時に共有することができます。そしてそれは、他の友達の情報と共にデータベースとなり、より多くの自分とは違う観点からの情報を得ることもできます。情報を交流する際には多様なデジタル教材の機能で分類化したり、関連付けたり、分析したりすることができ、その過程で新たな疑問が生

令和４年度　学習者用デジタル教科書普及促進事業
（文部科学省）

まれたらさらに調べるといった探究的な学びが展開されていきます。このように、多様なデジタル教材との連携は、全員が教科書に示された一つの方法で解決するのではなく、児童生徒の興味関心に応じて解決のプロセスを多様にし、主体的な学びにすることが可能になります。

また、デジタル教科書の導入により充実させるのが、1人1台端末の持ち帰りによる家庭学習です。文部科学省は、端末を持ち帰って行う家庭学習を推進しており、端末は家庭に持ち帰って活用することで時間的・空間的な制約を超えた学びや創造的な学びを広げることができると示しています。たとえば、学校で学んだことを家で復習する際に、書き込みながら思考を整理したり、重要な部分にマーカーを引いたりすることができます。また、重要語句を付箋機能などで付け足したりすることで、自分で理解しやすいように教科書のページをカスタマイズすることもできます。このように家で一人で家庭学習を行う際は、デジタル教科書は教科書であることから、確かな情報源として安心して活用することができるだけでなく、振り返る時には、学習の流れが示されており効率的に理解する助けとなり主体的かつ自律的に学ぶことができるのです。

教科書・教材・ソフトウェアの在り方ワーキンググループ（文部科学省）

☑ 次世代の学びはどう変わるのか？

文部科学省は、学習者用デジタル教科書を導入することで、主体的・対話的で深い学びの視点からの授業改善や、特別な配慮を要する児童生徒等の学習上の困難の低減を目指しています。これまでの教科書で教える授業ではなく、児童生徒がそれぞれの興味関心や学びの特性に応じて個別最適に学ぶためのよき相棒として学習者用デジタル教科書を活用することが必要です。教科書という安心で適切な学びの地図を頼りに多様な情報源に触れその都度疑問と探究を繰り返して納得する解を求める主体的・対話的で深い学びの実現を期待しています。

（茨城県つくば市立みどりの学園義務教育学校　中村めぐみ）

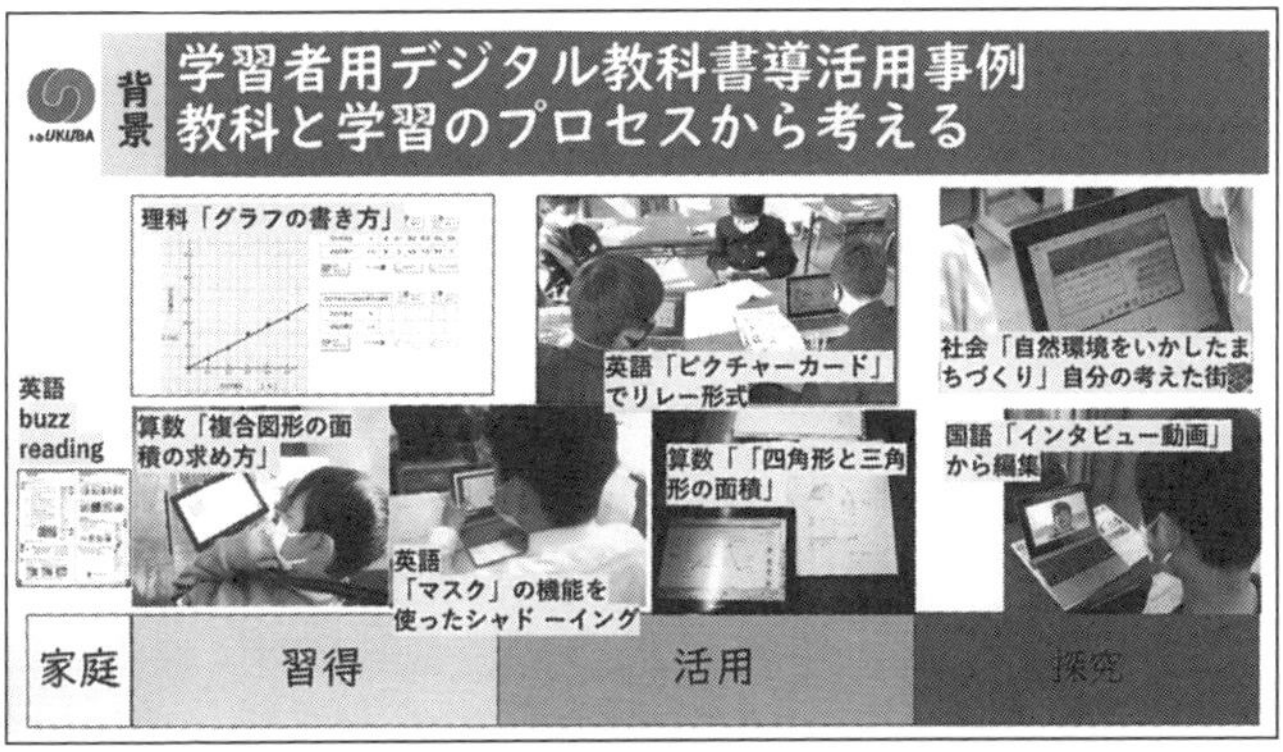

多様なデジタル教材と連携するデジタル教科書

出典：教科書・教材・ソフトウェアの在り方ワーキンググループ（第３回）配布資料　中村委員提出資料

児童生徒の情報活用能力の育成

Check
□情報活用能力とはどのようなもの?
□学校での「情報活用能力」の扱いは?

☑情報活用能力とはどのようなもの?

「情報活用能力」については、文部科学省が2020年6月に出した「教育の情報化に関する手引(追補版)」に定義が掲載されています。以下、これを引用します。

「情報活用能力」は、世の中の様々な事象を情報とその結び付きとして捉え、情報及び情報技術を適切かつ効果的に活用して、問題を発見・解決したり自分の考えを形成したりしていくために必要な資質・能力である。より具体的に捉えれば、学習活動において必要に応じてコンピュータ等の情報手段を適切に用いて情報を得たり、情報を整理・比較したり、得られた情報を分かりやすく発信・伝達したり、必要に応じて保存・共有したりといったことができる力であり、さらに、このような学習活動を遂

「教育の情報化に関する手引」について（文部科学省）

行する上で必要となる情報手段の基本的な操作の習得や、プログラミング的思考、情報モラル等に関する資質・能力等も含むものである。

このような情報活用能力を育成することは、将来の予測が難しい社会において、情報を主体的に捉えながら、何が重要かを主体的に考え、見いだした情報を活用しながら他者と協働し、新たな価値の創造に挑んでいくために重要である。また、情報技術は人々の生活にますます身近なものとなっていくと考えられるが、そうした情報技術を手段として学習や日常生活に活用できるようにしていくことも重要となる。

「情報活用能力」は、このような形で将来に渡って重要な力であると同時に、学習活動の基盤となる力として、言語能力や問題発見・解決能力と並んで学習指導要領の総則にも記載されています。これらの資質・能力の関係性を下図に示します。「情報活用能力」は、「情報及び情報技術を適切かつ効果的に活用」するものですから、人工知能の活用などもここに入ってきます。情報技術の発展に伴い、今

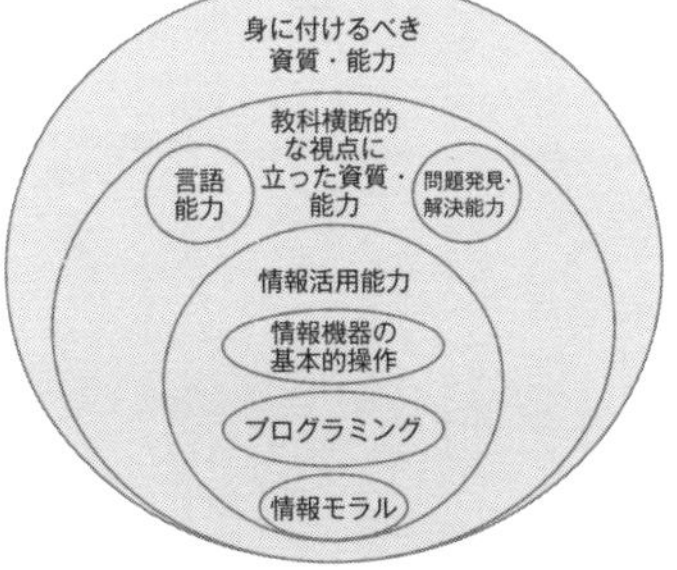

資質・能力の関係性

次世代の教育情報化推進事業「情報教育の推進等に関する調査研究」（文部科学省）

後さらに内容が増え、重要性を増していくと考えられます。

☑学校での「情報活用能力」の扱いは？

文部科学省が、「次世代の教育情報化推進事業『情報教育の推進等に関する調査研究』」を手掛かりに整理した情報活用能力に関する指導項目の分類を次頁上表に、想定される学習内容を下表に示します。文部科学省では、これらを組み合わせた上で、発達の段階等を踏まえた５段階の体系表も作成しています。各教科、総合的な学習（探究）の指導、カリキュラム・マネジメントを行う際には、これらの資料を参考にするとよいでしょう。

また、ＧＩＧＡスクール構想によって、１人１台の情報端末とインターネットへの接続が全国の学校で実現し、全ての教科等で、主体的・対話的で深い学びの実現に向けて、情報通信機器の活用が進んでいます。特に、プログラミングなどを含めた「情報活用能力」の育成は、一つの教科だけでなく、総合的な学習（探究）なども含めた複数の教科等のカリキュラム・マネジメントを通じて、学校全体として育成していくことが適しています。

今後は、教育データの活用、クラウドの活用、インターネット上の教育コンテンツの利用など、今まで行われていなかった学びの形、評価の方法が学校に導入されていくと思われます。児童生徒と共によい授業を創造していくことが大切です。（京都精華大学　鹿野利春）

分類		
A．知識及び技能	1 情報と情報技術を適切に活用するための知識と技能	①情報技術に関する技能 ②情報と情報技術の特性の理解 ③記号の組合せ方の理解
	2 問題解決・探究における情報活用の方法の理解	①情報収集，整理，分析，表現，発信の理解 ②情報活用の計画や評価・改善のための理論や方法の理解
	3 情報モラル・情報セキュリティなどについての理解	①情報技術の役割・影響の理解 ②情報モラル・情報セキュリティの理解
B．思考力，判断力，表現力等	1 問題解決・探究における情報を活用する力（プログラミング的思考・情報モラル・情報セキュリティを含む）	事象を情報とその結び付きの視点から捉え，情報及び情報技術を適切かつ効果的に活用し，問題を発見・解決し，自分の考えを形成していく力 ①必要な情報を収集，整理，分析，表現する力 ②新たな意味や価値を創造する力 ③受け手の状況を踏まえて発信する力 ④自らの情報活用を評価・改善する力　等
C．学びに向かう力，人間性等	1 問題解決・探究における情報活用の態度	①多角的に情報を検討しようとする態度 ②試行錯誤し，計画や改善しようとする態度
	2 情報モラル・情報セキュリティなどについての態度	①責任をもって適切に情報を扱おうとする態度 ②情報社会に参画しようとする態度

実践・研究を踏まえた情報活用能力の例示

想定される学習内容	例
基本的な操作等	キーボード入力やインターネット上の情報の閲覧など，基本的な操作の習得等に関するもの　等
問題解決・探究における情報活用	問題を解決するために必要な情報を集め，その情報を整理・分析し，解決への見通しをもつことができる等，問題解決・探究における情報活用に関するもの　等
プログラミング（本事業では，問題解決・探究における情報活用の一部として整理）	単純な繰り返しを含んだプログラムの作成（育成する場面）や問題解決のためにどのような情報を，どのような時に，どれだけ必要とし，どのように処理するかといった道筋を立て，実践しようとするもの　等
情報モラル・情報セキュリティ	SNS，ブログ等，相互通信を伴う情報手段に関する知識及び技能を身に付けるもの（育成する場面）や情報を多角的・多面的に捉えたり，複数の情報を基に自分の考えを深めたりするもの　等

情報活用能力育成のための想定される学習内容

いずれも「情報活用能力を育成するためのカリキュラム・マネジメントの在り方と授業デザイン」（文部科学省，2020年３月）より作成

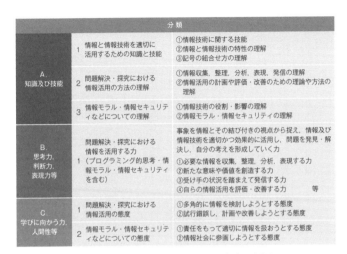

デジタル人材育成の加速

Check
- □デジタル人材とは？
- □デジタル人材育成の加速は学校教育に何を問いかけているのか？

☑デジタル人材とは？

「デジタル人材」は近年ＤＸ化の促進と共によく用いられるようになった言葉です。ＤＸとはDigital Transformation の略で「デジタル技術を社会に浸透させることで人々の生活をよりよいものに変革していくこと」です。しかし日本では「企業がビジネス環境の激しい変化に対応し、データとデジタル技術を活用して、顧客や社会のニーズを基に、製品やサービス、ビジネスモデルを変革するとともに、業務そのものや、組織、プロセス、企業文化・風土を変革し、競争上の優位性を確立すること」（経済産業省）のように主にビジネスの場面で用いられます。そしてこの文脈でのＤＸを実施する人材が「デジタル人材」です。また似たような言葉に「ＤＸ人材」や「ＩＴ人材」があります。ＤＸ人材とは「デ

World Digital Competitiveness Ranking 2022（世界デジタル競争力ランキング2022）（IMD〔国際経営開発研究所〕）

ジタル技術を活用し企業に対して新たな価値提供ができる人材」のことで、ＩＴ人材は「デジタルの専門家、技術者」のことです。ＤＸ人材がデジタル人材と同じ意味で用いられることもあれば、ＩＴ人材のことをデジタル人材とする場合もあります。さらにその両方を含んでデジタル人材と言うこともあり統一されてはいません。本稿では両方を含む意味で話を進めますが、いずれにしても現在、日本社会はデジタル人材の育成の加速を求めている状況なのです。

デジタル人材育成の加速が求められる背景には日本の経済産業界の大きな危機意識があります。20世紀、日本は工業・科学技術で世界をリードしていました。しかし21世紀初めに起こったＩＴ革命では日本はその波に乗れず、一転して世界から置き去りにされてしまいました。スマートフォン等のＩＴ機器が普及し、インターネットへの接続が当たり前になった現在、ＩＴで世界をリードするのはＧＡＦＡなどの海外企業です。さらには最近話題の生成ＡＩ、ChatGPT の OpenAI も海外企業です。残念ながら日本のＩＴ関連企業はこれらの企業の足元にも及びません。ＩＴ分野における現在の日本の立ち位置はというと、国際経営開発研究所の発表する世界デジタル競争力ランキング２０２２によれば63か国中29位で上位ではありません。その中の「デジタル・技術のスキル」においては62位でほぼ

DX白書2023　進み始めた「デジタル」、進まない「トランスフォーメーション」（独立行政法人情報処理推進機構、2023年３月16日）

最下位です。人材不足も深刻で、経済産業省の試算（２０１９）によると２０２５年にはＩＴに関連する人材は最大約58万人も不足すると計算されています。このままでは日本はますます世界から遅れてしまいます。日本の経済産業界は何とかこの状況を打破し、デジタル人材を育成し、再び日本を、世界をリードする国にしたいと考えています。

デジタル人材育成の加速は学校教育に何を問いかけているのか？

現行の学習指導要領では「情報活用能力」が学習の基盤となる資質・能力と位置付けられました。小学校では「プログラミング教育」がはじまり、高等学校では「情報Ｉ」が必修化され全生徒が学ぶことになるなど、情報教育が充実しました。また、情報教育に必要な設備、ＩＴ機器もＧＩＧＡスクール構想等により導入が急速に進められています。

この流れをデジタル人材育成の視点で見てみたいと思います。

デジタル人材を質量ともに増やしていくために考えられる根本的な方法はＩＴ活用の裾野を広げ、日本国民全体のＩＴ活用能力を押し上げることです。全国民にＩＴを教育し、ＩＴを使える人の数が増えればデジタル人材も増え、さらにその中から世界をリードするトップ・デジタル人材も生まれるだろうという考えです。そしてその裾野にあたるのが全国民が通う学校です。しかし、これまで学校教育ではあまりＩＴが活用されてきませんで

未来の教室　LEARNING INNOVATION（経済産業省）

した。世界と比べてもその活用は最低レベルです。裾野がこの状態では国民のＩＴ活用能力を高めることは到底望めずデジタル人材育成に結び付きません。学校教育でより積極的にＩＴを教えていかねばなりません。

情報教育の充実化の背景には日本社会、経済産業界からの強い要請があることが透けて見えます。

社会の形成に参画し、その発展に寄与する人間を育てることは学校の使命の一つです。そして日本社会はその発展のためにデジタル人材育成を求めています。しかしながら「学校はデジタル人材を育成するところか」と問えば多くの人は「違う」と答えるでしょう。では学校はどんな人間を育むところなのか。デジタル人材育成の加速を求める社会の期待は学校教育に待ったなしの本質的な問いを投げかけています。

（東北大学　佐藤克美）

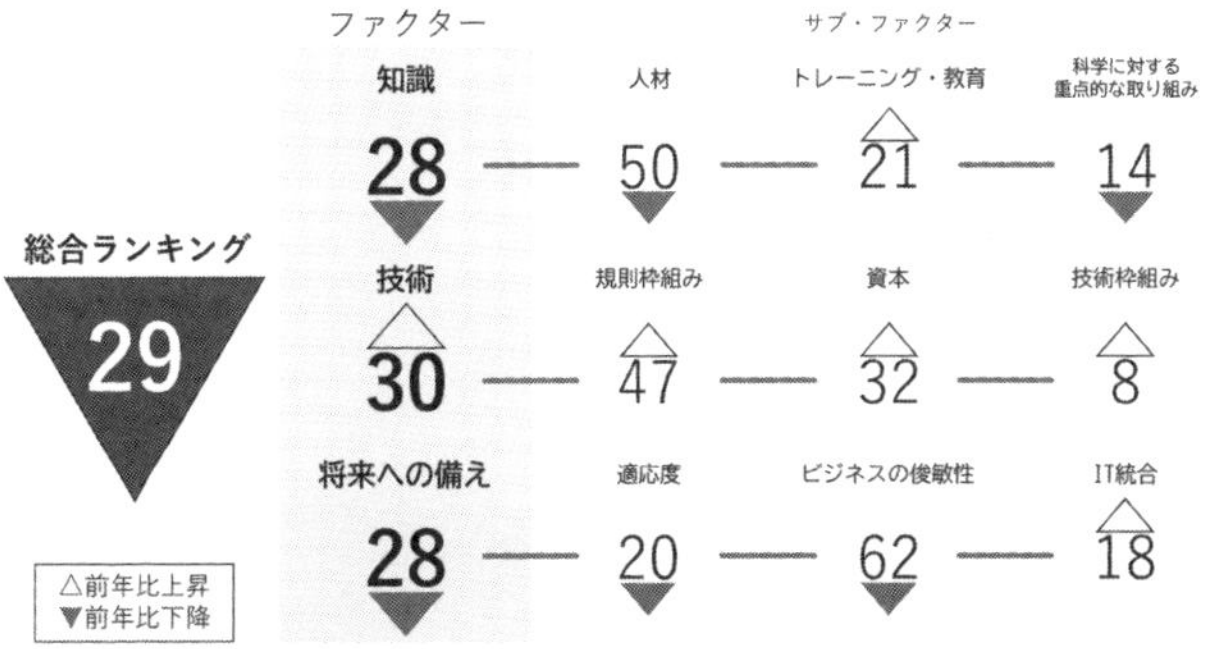

日本のデジタル競争力ランキング（63か国中）

IMD（国際経営開発研究所）World Digital Competitiveness Ranking 2022（世界デジタル競争力ランキング2022）をもとに作成

第4期教育振興基本計画の策定

Check
□第4期教育振興基本計画と策定過程の特徴とは？
□第4期教育振興基本計画の理念と概要とは？

第4期教育振興基本計画と策定過程の特徴とは？

教育振興基本計画は、教育基本法（2006年法律第120号）に示された理念の実現と、我が国の教育振興に関する施策の総合的・計画的な推進を図るため、同法第17条第1項に基づき政府として策定する計画です。国は教育振興基本計画（計画期間5年）をこれまで第1期、第2期、第3期と策定し、教育施策を総合的、体系的に位置付けて取組を進めています。第4期の教育振興基本計画は、2023年度から2027年度までを計画期間としています。教育振興基本計画とは、教育政策の目標、基本施策及び政策の検証に向けた指標を示しています。この計画については国においては文部科学省に留まらず各省庁が連携して、計画が着実に実行されるよう取り組んでいくものであり、各地方公共団体においては、国の基本計画を参酌しつつ、その地域の実情に応じた適切な対応がなされるよう教育大綱等の教育に関する計画を策定し、その推進に取り組むことになります。

第4期の教育振興基本計画の策定に際しては、2022年2月、文部科学大臣から次期教育振興基本計画の策定について検討するよう中央教育審議会（委員29名）に対して諮問が行われました。中央教育審議会では同年3月に教育振興基本計画部会（委員30名）を設置し、2023年2月まで合計14回開催して、議論を重ねました。その際、従来の審議でも行ってきたように教育関係団体ヒアリングやパブリックコメントを実施するとともに、2023年4月の「こども基本法」の施行を踏まえて、内閣府のユース政策モニターと委員との意見交換会の開催やアンケート調査を実施するなどにより、児童生徒学生を含む多様なステークホルダーから幅広く意見を募り、審議に反映するよう努めました。また、計画部会をはじめとして、総会、生涯学習分科会、初等中等教育分科会、大学分科会及び他の委員会等における闊達な議論の反映に努めました。

こうした審議を踏まえて、2023年3月に中央教育審議会総会において、会長から文部科学大臣に答申が手交されました。その後、政府において検討が進められ、2023年6月16日に第4期教育基本計画が閣議決定されました。

☑ 第４期教育振興基本計画の理念と概要とは？

今期の教育振興基本計画では、総括的な基本方針・コンセプトとして「持続可能な社会の創り手の育成」及び「日本社会に根差したウェルビーイングの向上」を掲げています。そして、五つの基本的方針と16の教育政策の目標、基本施策及び指標を示しています。五つの基本的方針とは、①グローバル化する社会の持続的な発展に向けて学び続ける人材の育成、②誰一人取り残されず、全ての人の可能性を引き出す共生社会の実現に向けた教育の推進、③地域や家庭で共に学び支え合う社会の実現に向けた教育の推進、④教育デジタルトランスフォーメーション（ＤＸ）の推進、⑤計画の実効性確保のための基盤整備・対話です。

計画の実効性を確保するための「今後の教育政策の遂行に当たっての評価・投資等の在り方」については、①教育政策の持続的改善のための評価・指標の在り方、②教育投資の在り方についても記述しています。具体的な16の教育政策の目標については別表の通りです。教育振興基本計画の理念と各施策を実現するためには、国と教育実践の現場である地方教育行政と教育関係団体の連携が不可欠です。

（杏林大学　清原慶子）

第４期教育振興基本計画における今後５年間の教育政策の16の目標

1. 確かな学力の育成，幅広い知識と教養・専門的能力・職業実践力の育成
2. 豊かな心の育成
3. 健やかな体の育成，スポーツを通じた豊かな心身の育成
4. グローバル社会における人材育成
5. イノベーションを担う人材育成
6. 主体的に社会の形成に参画する態度の育成・規範意識の醸成
7. 多様な教育ニーズへの対応と社会的包摂
8. 生涯学び，活躍できる環境整備
9. 学校・家庭・地域の連携・協働の推進による地域の教育力の向上
10. 地域コミュニティの基盤を支える社会教育の推進
11. 教育 DX の推進・デジタル人材の育成
12. 指導体制・ICT 環境の整備，教育研究基盤の強化
13. 経済的状況，地理的条件によらない質の高い学びの確保
14. NPO・企業・地域団体等との連携・協働
15. 安全・安心で質の高い教育研究環境の整備，児童生徒等の安全確保
16. 各ステークホルダーとの対話を通じた計画策定・フォローアップ

幼保小の協働による架け橋期の教育の充実

Check
- □ 架け橋期の教育の充実とは？
- □ 今後、目指す方向性とは？

☑ 架け橋期の教育の充実とは？

中央教育審議会では、２０２１年１月に、「『令和の日本型学校教育』の構築を目指して～全ての子供たちの可能性を引き出す、個別最適な学びと、協働的な学びの実現～（答申）」を取りまとめ、２０２０年代を通じて実現すべき教育の姿を示しました。ここで示されたような質の高い学びの充実を図っていくためには、教育基本法において「生涯にわたる人格形成の基礎を培う重要なもの」として規定される幼児期の教育と、小学校から実施される義務教育とを円滑につないでいくことが必要となります。そこで、２０２１年７月、中央教育審議会初等中等教育分科会の下に「幼児教育と小学校教育の架け橋特別委員会」が設置され、全ての子どもに生活の基盤を保障するための方策や、各地域において着学びや生活の基盤をつくる幼児教育と小学校教育の接続について～幼保小の協働による架け橋期の教育の充実～（審議まとめ）（幼児教育と小学校教育の架け橋特別委員会，2023年２月27日）

実にこうした方策を推進するための体制整備等について審議されることとなりました。その審議の取りまとめが「学びや生活の基盤をつくる幼児教育と小学校教育の接続について～幼保小の協働による架け橋期の教育の充実～」（２０２３年２月）です。ここでは、幼保小という異なる施設類型や学校種にまたがる5歳児の4月から小学校1年生の3月までの2年間を「架け橋期」と称して焦点を当て、０歳から18歳までの学びの連続性に配慮しつつ、「架け橋期」の教育の充実を図り、生涯にわたる学びや生活の基盤をつくることの重要性についてまとめられています。そして、「架け橋期」の教育の充実のためには、幼保小だけでなく、家庭、地域、関係団体、地方自治体など、子どもに関わる全ての関係者が立場を越えて連携・協働することが必要であるとされています。

☑ 今後、目指す方向性とは？

右記の審議取りまとめでは、今後推進していくべき具体的な方策として、6点挙げられています。

第一に掲げる「架け橋期の教育の充実」については、幼稚園教育要領、保育所保育指針、幼保連携型認定こども園教育・保育要領及び小学校学習指導要領に基づき、幼児教育と小学校教育の円滑な接続を図ることが求められるとされています。幼保小が協働して、「幼児期の終わりまでに育ってほしい姿」等を手掛かりとし、架け橋期のカリキュラムを作成すること、そして、小学校1年生の修了時期を中心に、共に振り返り、架け橋期の教育目標や日々の教育活動を評価するといったＰＤＣＡサイクルを確立することが、さらにそれぞれの教育の充実へとつながっていきます。

第二には、「幼児教育の特性に関する社会や小学校等との認識の共有」の推進が挙げられます。幼児教育の特性とは、子どもが遊びを中心として、頭も心も体も動かして、主体的に様々な対象と直接関わりながら総合的に学んでいくとともに、遊びを通して思考を巡らし、想像力を発揮し、自分の体を使って、友達と様々なことを学んでいくことです。しかしながら、社会や小学校等においては、こうした幼児期における遊びを通した学びの教育的意義や効果についての認識が、十分に共有されているとはいえません。ですから、保護者や地域住民等に対しても、こうした幼児教育の特性についてわかりやすく伝え、理解の促進を図っていくことが肝要です。

第三に、障害のある子どもや外国籍の子どもなど、「特別な配慮を必要とする子供や家庭への支援」の強化が求められます。ここでは、幼保小のみならず、母子保健、福祉、医療等の関係機関との連携強化により、切れ目ない支援を実施していくこと等が必要とされています。

続いて第四に、核家族化や地域の関わりの希薄化に伴う家庭や地域の教育力の低下を背景に、「全ての子供に格差なく学びや生活の基盤を育むための支援」を促進していくことが挙げられます。この点においては、特に、幼児教育施設が果たす役割が一層重要となります。具体的には、幼稚園や保育所等の幼児教育施設に通っていない未就園児も含めて、様々な体験が得られるよう、幼児教育施設が子どもの学びの場への参加を推進したり、その保護者に対する子育て支援を充実したりすることが必要です。

以上が、主に幼保小において取り組んでいくべき方策ですが、その他、第五には、地方自治体における推進体制の構築、幼児教育施設における人材確保や労働環境の改善を含む「教育の質を保障するために必要な体制等」の整備、第六には、「教育の質を保障するために必要な調査研究等」の推進により、幼児教育や幼保小接続の分野における、データやエビデンスに基づいた政策形成を行っていくことの必要性について挙げられています。

（目白大学　荒牧美佐子）

小学校教科担任制の拡大

Check
□小学校教科担任制はなぜ拡大しているのか？
□小学校教科担任制にはどのような形態があるのか？

☑小学校教科担任制はなぜ拡大しているのか？

これまで、小学校においては、基本的に、全ての科目を学級担任が担当する学級担任システムを採用してきました。小学校は、いわゆる全人教育といわれる日本型教育システムを最も象徴的に体現しており、学級経営、生徒指導のみならず、全ての教科を学級担任が指導することで、多面的かつ総合的に、子どもの学びと成長を支援することが目指されてきたといえます。同時に、全ての教科を担任が担当することで、教科横断的な学びが実現され易い面もあり、特定の教科の枠組みを超えて、主体的・対話的で深い学びの実現が期待されてきた経緯もあります。ただし、担任と子どもとの関係性が密接であることは、細やかな指導を実現する側面がある一方で、一人の教員が全ての評価を行うことから、一面

小学校高学年における教科担任制に関する事例集～小学校教育の活性化に繋げるために～（令和５年３月）
（文部科学省，2023年３月）

的な評価や接し方となり、担任の子ども観や価値観と一致しない子どもが、居づらい思いをする点も指摘されてきました。

そうした中、社会のグローバル化やSociety 5.0に対応するために、５・６年生の英語の教科化が行われ（２０２０年）、さらに２０２２年からは、ＳＴＥＡＭ教育の充実・強化が検討されました。その結果、英語やＳＴＥＡＭ等の教科における系統的学びの保障の観点から、高学年における教科担任制が検討・導入されはじめました。

同時に、働き方改革の観点からも、教科担任制が着目・導入されてきました。それまで、学習指導要領の標準授業時間数の増加や、学力を定着させようとする各学校の方針に伴い、小学校高学年では、週あたりの教員の持ちコマ数が20コマ代後半となるなど、教員の負担が大きくなっていました。その負担を軽減する観点から、持ちコマ数を削減するために、教科担任制が国の定数配置でも実施されました。

今後さらに、特に、働き方改革のさらなる加速が行われる２０２４年から3年間の集中改革期間を見越して、小学校高学年における教科担任制の教職員定数配置が当初の計画を前倒しして行われます。この方針は、文部科学省単独の政策というよりも、「経済財政運営と改革の基本方針２０２３」（いわゆる「骨太の方針２０２３」）にも明示され、政府全体で取り組む政策課題ともなっています。

☑ 小学校教科担任制にはどのような形態があるのか？

一口に小学校教科担任制といっても、学校が置かれている状況に応じて、導入の形態は様々に考えられます。また、導入形態によっては、追加的に必要となる教員定数の数も種類も異なります。

下の表に分類を、次ページ下の図にこれらの概念図を示しました。当初の計画では、教科内容の専門性の高い中学校教員が小学校高学年の教科担任となることも想定されていましたが、実際には、学校間移動時間の確保や、時程を併せる（小学校の1単位時間が45分、中学校が50分であるため、授業開始時刻が異なってくる）ことが困難であることから、同一小学

方式分類	下位分類	
①単一小学校内教科担任制	a. 完全教科担任制 b. 特定教科における専科の単独指導 c. 特定教科における学級担任間の授業交換 d. 専科教員と学級担任とのTeam Teaching	
②複数小学校間教科担任制	A. 教員循環型 B. オンライン型	a. 完全教科担任制 b. 特定教科における専科の単独指導 c. 専科教員と学級担任とのTeam Teaching
③1小1中連携型教科担任制	A. 教員循環型 B. オンライン型 C. 分校型	a. 完全教科担任制 b. 特定教科における専科の単独指導 c. 専科教員と学級担任とのTeam Teaching
④中学校区連携型教科担任制	A. 教員循環型 B. オンライン型 C. 分校型	a. 完全教科担任制 b. 特定教科における専科の単独指導 c. 専科教員と学級担任とのTeam Teaching
⑤中学校区横断的小中連携型教科担任制	A. 教員循環型 B. オンライン型 C. 分校型	a. 完全教科担任制 b. 特定教科における専科の単独指導 c. 専科教員と学級担任とのTeam Teaching

教科担任制の方式（分類）

校内で行う教科担任制が主流となっています。さらに、表に示した形態の他にも、学級担任以外に非常勤を配置することで、担任をもたない学年主任が学年全体の教科担任制をマネジメントする形態（例：横浜市のチーム学年経営）や、学級担任制自体を廃止して、複数教員からなる学年団で複数クラスの教科を担当する形態などもあり、各地で工夫が広がっています。これらの取組では、教員の空きコマが確保できるようになる他、特定の教科の授業力が向上したり、経験の浅い若年層教員を学年で支えることで、クラスによる指導力の分散が小さくなったり、複数の教員で子どもを多面的に見ることによって、指導力が上がったりするなど、正の効果が報告される一方、担当しない教科の指導ができなくなることが危惧される等、模索が続いています。

（千葉大学　貞広斎子）

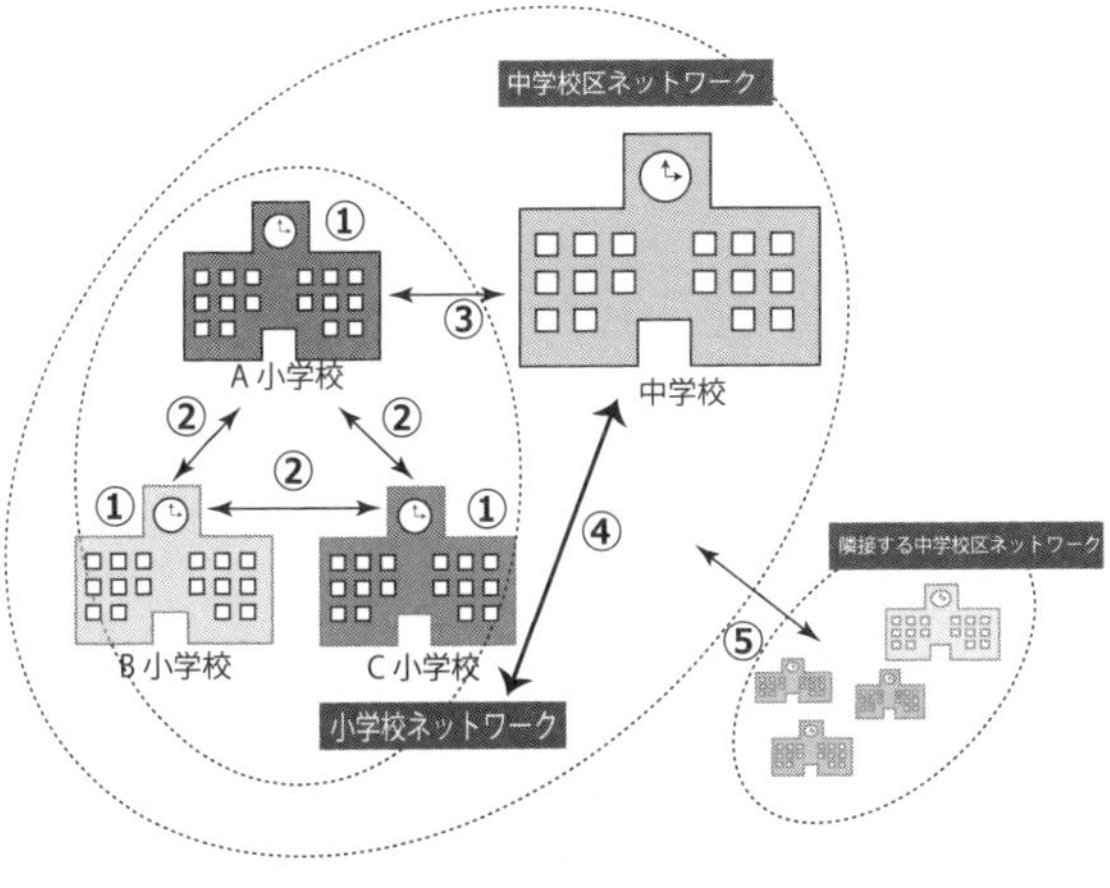

教科担任制の方式（概念図）

生徒指導提要の改訂とその趣旨

Check
- □「生徒指導提要」の改訂の背景とは？
- □「生徒指導提要（改訂版）」が示すこれからの生徒指導の方向性とは？

☑「生徒指導提要」の改訂の背景とは？

生徒指導の基本書である「生徒指導提要」（文部科学省）が、２０２２年12月に12年ぶりに改訂されました。改訂の背景として、児童生徒を取り巻く社会環境が大きく変化し、不登校や自殺、いじめの重大事態などの発生件数が急増し、児童生徒が抱える課題の深刻化がみられることが第一に挙げられます。さらに、このような状況の中で、生徒指導をめぐって、学校及び教職員に突きつけられている四つの課題が指摘できます。

一つ目の課題は、ＶＵＣＡな時代と言われる予測困難で不確実な「変動社会」に対応する力を児童生徒が身に付けるために生徒指導ができることは何かということです。二つ目は、発達障害やＬＧＢＴＱ、外国籍など、多様な背景をもつ子どもたちが増加する中で、

生徒指導提要（改訂版）（文部科学省，2022年12月）

排除でなく包摂を目指す生徒指導をどう進めるのかという課題です。三つ目は、２０１３年の「いじめ防止対策推進法」から、２０２３年の「こども基本法」まで、生徒指導に関連する法令の成立、改正が相次ぐなかで、法の理解に基づく生徒指導をどう実践するのかという課題です。四つ目は、教職員の多忙化を解消するための「働き方改革」と生徒指導の充実とをどう両立させるのかという課題です。「生徒指導提要（改訂版）」はこれらの課題に、第Ⅰ部では理論面から、第Ⅱ部では実践面から答えようとしたものといえます。

☑「生徒指導提要（改訂版）」が示すこれからの生徒指導の方向性とは？

生徒指導とは「児童生徒が、社会の中で自分らしく生きることができる存在へと、自発的・主体的に成長や発達する過程を支える教育活動」であり、「生徒指導上の課題に対応するために、必要に応じて指導や援助を行う」働きかけであると定義されています。全ての児童生徒が「社会の中での自己実現（個性化と社会化）」を果たせるように、全ての教職員が、全ての教育活動を通じて、その成長・発達の過程を支えることを基盤とし、課題性が高まった場合に必要な指導や援助を行うという構造が示されました。そこで示された生徒指導の基本的な方向性は、次の三点にまとめることができます。

第一に、特定の児童生徒に焦点化した事後の指導・援助を中心とする「させる生徒指導」から、先手を打って全ての児童生徒の成長・発達を「支える生徒指導」への転換を図ることが目指されています。そのために、時間軸で「先行的・常態的生徒指導」と「継続的・即応的生徒指導」に二分類した上で、対象となる児童生徒の範囲と課題性の高低の観点から、三類四層からなる支援構造が示されました（下図参照）。構造化することで、個人の経験や勘に頼らず、理論と見通しをもった組織的な生徒指導を進めることが可能になります。

　第二に、教室での教科の学びを社会で充実して生きることにつなげるために、学習指導と生徒指導の一体化が目指されています。児童生徒が「主体的に問題や課題を発見し、自己の目標を選択・設定して、この目標の達成のため、自発的、自律的、かつ、他者の主体性を尊重しながら、自らの行動を決断し、実行する

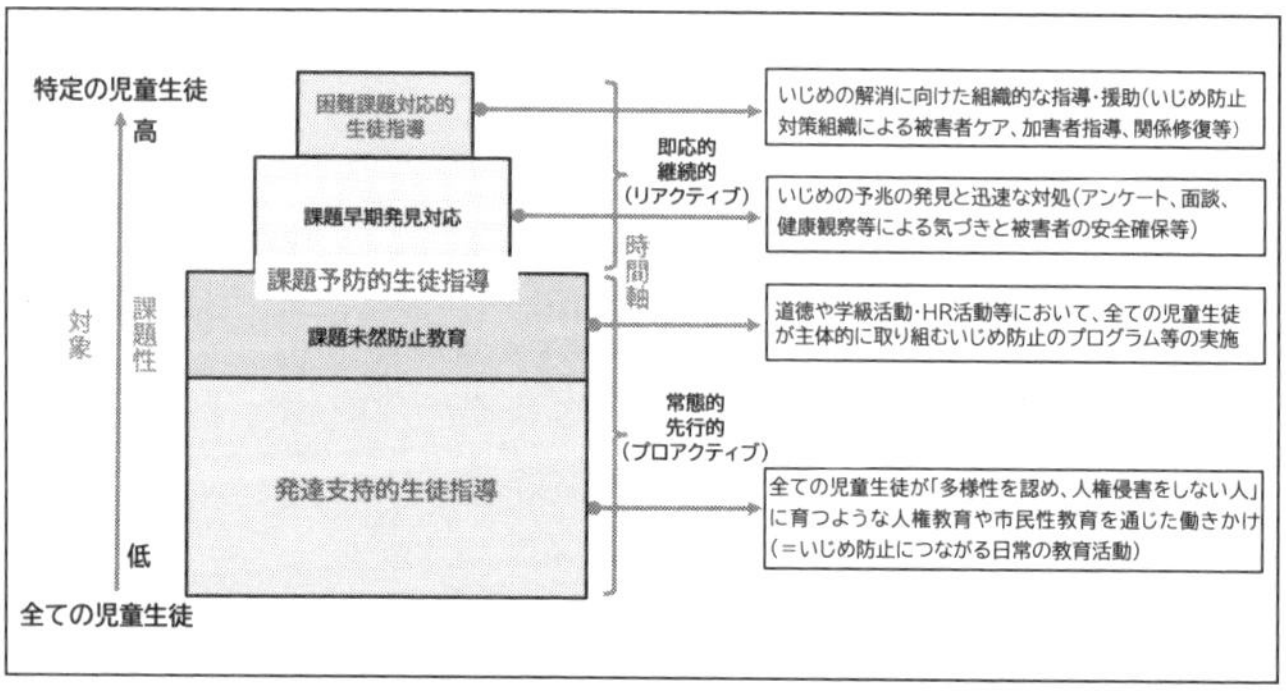

生徒指導の重層的支援構造（いじめ対応を例に）
（『生徒指導提要（改訂版）』p.19図２，129図９を参考に作成）

力」（「自己指導能力」）を身に付けるように、授業に次の四つの「生徒指導の実践上の視点」（①自己存在感の感受、②共感的な人間関係の育成、③自己決定の場の提供、④安全・安心な風土の醸成）を埋め込む（内在化）ことが求められます。

第三に、複雑で多様な生徒指導上の課題に対して、支援者の負担を分散して関わりの密度を高めるために、学校内外の連携・協働に基づく「チーム学校」による生徒指導体制を構築することが目指されています。校内において、アセスメント（Assessment）に基づく明確な目標（Vision）を共有した上で、生徒指導計画（Plan）を策定、実施（Do）し、点検・評価（Check）を行い、改善（Action）へとつなげるサイクルを、管理職のリーダーシップとミドルリーダーのネットワークのもとで展開します。教職員間に、困ったときに助言や助力を求めて相談できる「支え合い、学び合う同僚性」が築かれていることが不可欠です。また、多職種の専門家や関係機関等との連携においては、専門性に関する相互理解と相互尊重、その前提としての「顔の見える関係」をつくることが重要です。

今後、生徒指導、教育相談、キャリア教育、特別支援教育などの分野ごとの縦割りを排して、児童生徒一人一人を包括的に支援する体制づくりが求められているといえるでしょう。

（関西外国語大学　新井　肇）

こども家庭庁の発足と取組

Check
□こども基本法の理念とこども家庭庁の任務とは？
□こども家庭庁が発足後に取り組んでいる当面の主たる課題とは？

✓こども基本法の理念とこども家庭庁の任務とは？

２０２３年４月１日、こども家庭庁の発足とこども基本法（令和４年法律第77号）が施行されました。議員立法で制定されたこども基本法には、国連「児童の権利に関する条約」の４原則を反映して、①差別の禁止、②こどもの最善の利益、③生命、生存及び発達に対する権利、④こどもの意見の尊重が規定されています。これまで日本には子どもに関する施策や取組の「共通の基盤」となる包括的な基本法はなかったところ、１９９４年に「児童の権利に関する条約」が日本で批准されて29年目の２０２３年に、子どもの人権の保障を定めるこども基本法が制定され、施行されることになったことは、大変に有意義であり、こども家庭庁はこども基本法の理念を具体的に実現するための役所として設立されました。

こども家庭庁ホームページ

「こども基本法」の基本理念は「(一) 全てのこどもについて、個人として尊重され、その基本的人権が保障されるとともに、差別的取扱いを受けることがないようにすること」をはじめとする6点の重要な理念が掲げられています。それは「こども家庭庁設置法」第3条（任務規定）第1項の規定に密接に関連されています。すなわち、「こども家庭庁は、心身の発達の過程にある者（以下「こども」という。）が自立した個人としてひとしく健やかに成長することのできる社会の実現に向け、子育てにおける家庭の役割の重要性を踏まえつつ、こどもの年齢及び発達の程度に応じ、その意見を尊重し、その最善の利益を優先して考慮することを基本とし、こども及びこどものある家庭の福祉の増進及び保健の向上その他のこどもの健やかな成長及びこどものある家庭における子育てに対する支援並びにこどもの権利利益の擁護に関する事務を行うことを任務とする。」ということです。

こども家庭庁の基本姿勢は、①こどもや子育て中の方々の視点に立った政策立案、②地方自治体との連携強化、③様々な民間団体とのネットワークの強化です。

そして、こども家庭庁の役割は、①内閣総理大臣が所管するこども政策の司令塔としての総合調整、②省庁の縦割り打破、新しい政策課題や隙間事案への対応、③保健・福祉分野を中心とする事業の実施等の推進です。

Theme 4 政策

こども政策の推進（こども家庭庁の設置等）
（内閣官房ホームページ）

こども家庭庁が発足後に取り組んでいる当面の主たる課題とは？

こども家庭庁の内部組織は、長官官房、成育局及び支援局の1官房2局体制です。定員については、内部部局が350名程度、施設等機関が80名程度、合計約430名で、職員は約3割が女性で、こども子育て施策の最前線である自治体職員（行政実務研修員を含む）や民間人材（任期付職員）からも積極的に登用しています。

こども家庭庁設立後に当面取り組んでいる主たる課題としては、2023年中の制定を目途とする「こども大綱」及び指針等の策定があります。「こども大綱」は閣議決定される基本的政策です。他に、同じく閣議決定される「幼児期までのこどもの育ちに係る基本的なヴィジョン（仮称）」の策定や「こどもの居場所づくりに関する指針（仮称）」の策定などです。また「こども未来戦略方針」に基づく制度改正の検討、こども関連業務従事者の性犯罪歴等確認の仕組み（日本版DBS）の導入の検討、2024年4月施行予定の改正児童福祉法の施行及び障害児福祉サービス等報酬改定についても検討しています。

さらに、こども家庭庁としての新たな取組として、子どもの意見聴取と政策への反映、子どもの居場所づくり、自治体首長等によるこどもまんなか応援サポーター宣言等による子ども・子育てにやさしい社会づくりのための機運醸成などがあります。

こども基本法（こども家庭庁ホームページ）

加えて、こども家庭庁では、府省横断・連携事項として、子どもの自殺対策の強化、子どもの安全対策の推進、子どもの貧困対策、児童虐待防止対策、地域におけるいじめ防止対策などを推進しています。たとえばいじめ防止対策については府省庁連携会議の事務局をこども家庭庁が所管し、有識者等による「いじめ防止対策協議会」の事務局を担当する文部科学省との連携を促進しています。さらに、「新子育て安心プラン」「新・放課後子ども総合プラン」などの策定を進めています。

国は自治体において、国のこども大綱の策定を踏まえて子ども・子育てに関する基本計画を策定し、諸施策を具体化するための連携強化を図っています。

（杏林大学　清原慶子）

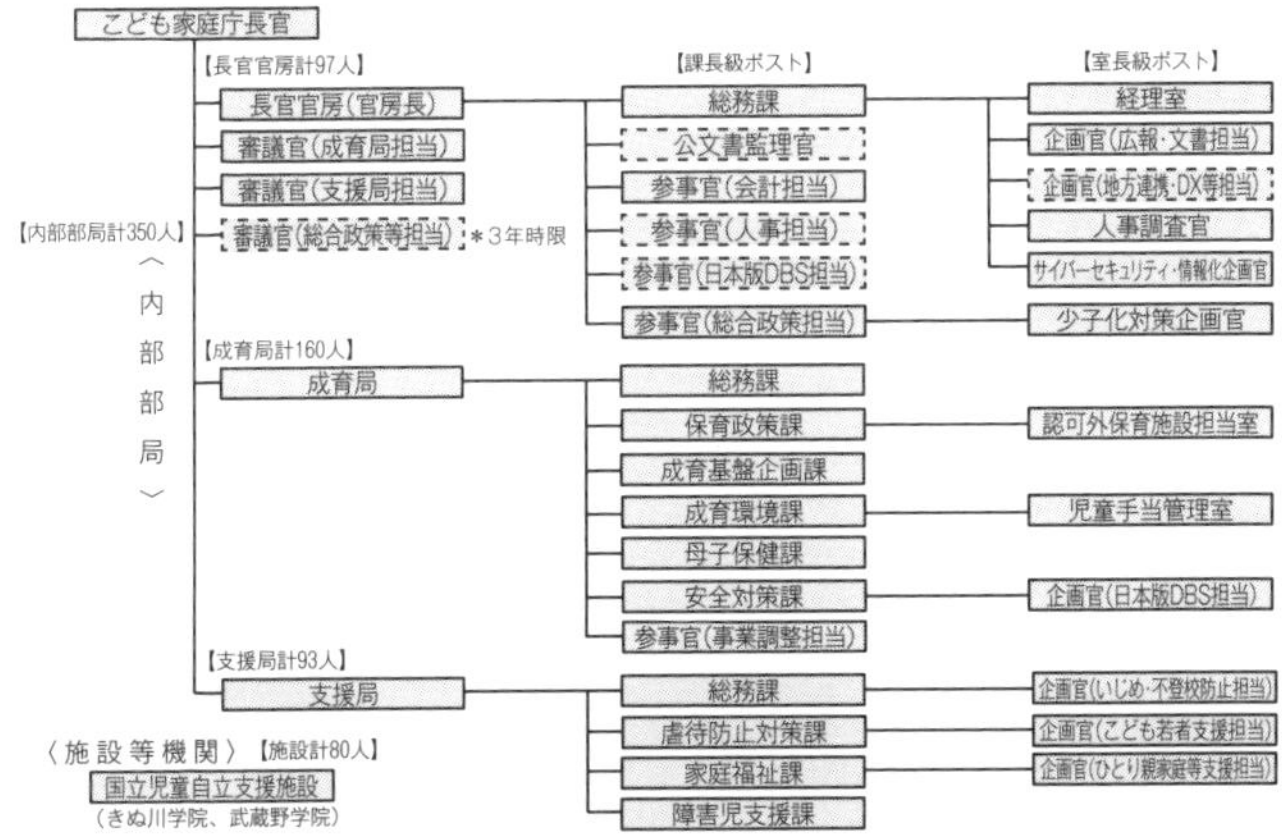

こども家庭庁組織図概要

「こども家庭庁組織体制の概要」（こども家庭庁ホームページ）より作成

こども基本法の施行と子どもの権利保護

Check
□子どもの権利条約にのっとったこども基本法とは?
□こども基本法によって教員の役割はどう変わる?

☑子どもの権利条約にのっとったこども基本法とは?

こども基本法は、こども施策を社会全体で総合的かつ強力に推進していくための基本法として、2022年6月に成立し、2023年4月に施行されました。

その目的は「全てのこどもが、将来にわたって幸福な生活を送ることができる社会の実現を目指し、こども政策を総合的に推進すること」としています。そしてこども施策の基本理念のほか、こども大綱の策定やこども等の意見の反映などについて定めています。

重要なのは、第1条の目的に「この法律は、日本国憲法及び児童の権利に関する条約の精神にのっとり」と定めていることです。子どもの権利条約(児童の権利に関する条約)の精神とは、子どもを一人の人間として、また、権利の主体としてみなすことです。

こども基本法（こども家庭庁ホームページ）

本来、日本政府が子どもの権利条約を批准した1994年に日本社会のすみずみで子どもを権利の主体としてみなす子ども観の転換がなされるべきでした。

具体的には、第3条第3項に明記されたように全ての子どもについて「自己に直接関係する全ての事項に関して意見を表明する機会及び多様な社会的活動に参画する機会が確保され」なければなりません。さらに、第11条では、こども施策の策定・実施・評価にあたって、子どもの意見を反映させるために必要な措置を講じなければならないと明記されました。これは、子どもの権利条約の基本4原則の一つである、子どもの意見表明の尊重（第12条）と、子どもの集会・結社の自由（第15条）を保障することを意味します。

さらに、第15条では、「この法律及び児童の権利に関する条約の趣旨及び内容について、広報活動等を通じて国民に周知を図り、その理解を得るよう努めるものとする」と定められました。このことにより、教員も学校や就学前教育で児童生徒に子どもの権利や条約について周知する義務が生まれました。そのためには、教員がきちんと子どもの権利条約、特に意見表明権について理解する必要があります。意見表明権の意見の原文はview（見解）であり、必ずしも立派な意見を述べることを子どもに求めるのではなく、気持ちを表したり、相談したりする機会を保障することも含まれます。

Theme 4 政策

みんなのルールメイキング（認定NPO法人カタリバ）

こども基本法によって教員の役割はどう変わる？

教員が子どもの権利について理解を深め、子どもと共に学校生活を進めていくためには、「子どもは未熟で指導しなければならない」という子ども観をがらりと変える必要があり、指導ではなく、支援するという考えが大切になります。そのために教育委員会や自治体に教員研修の実施等を求めることも重要でしょう。子どもの声の聴き方（特に困難な状況にある子どもやマイノリティの子ども）、子どもの意見を聴きながらどのように子どもと共同決定をしていけばよいか等について、NPO実践者から学ぶことも考えられるでしょう。

子どもを権利の主体としてみなすということは、これまで学校で教員のみによって決定していた事柄全てを見直し、児童生徒に意見を聴いていくことが求められます。2022年改訂された生徒指導提要にも書かれていますが、現在多くの学校で校則の見直しが進んでいます。校則について生徒がどう考えているかを聞き、話し合い、共同決定していくことが必要です。カタリバの「みんなのルールメイキング」の活動はヒントになるでしょう。

小学校であれば、学校行事やクラス会の在り方を児童と話し合い、どのような内容をどのように実施するかについて、幼稚園や保育園であれば、子どもたちが学びたいことをどのように学びたいかについて話し合うことができるでしょう。

幼稚園から高校まで子どもの意見を聴きながら、学びの実践を進めようとしても、保護者からは、子どもの声を聴くことは「わがまま」になるのではと懸念されることがあるかもしれません。社会全体で子どもの声を聴いていくことがあたりまえになるためには、自治体による広報パンフレットや動画、啓発講座など住民への子どもの権利普及が求められています。

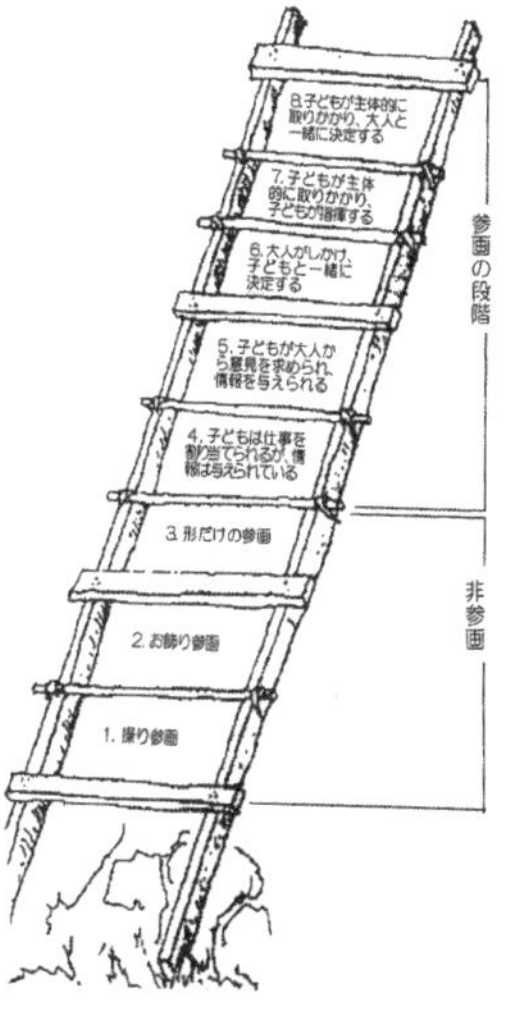

「子どもの参画」
（ロジャーハート・萌文社，2000）から

子どもを一人の人間として大切にし、その声を学校や社会で活かしていくことで、子どもたちは自信をつけ、さらに声をあげていくようになり、他者の声も尊重するようになります。子どもがそのような体験を積み重ねることで、暴力ではなく、対話で問題を解決する人に育っていく社会に変わるでしょう。

（文京学院大学・シーライツ　甲斐田万智子）

参考資料
・甲斐田万智子『きみがきみらしく生きるための　子どもの権利』KADOKAWA、2023
・甲斐田万智子『世界の子ども権利かるた　みんなで知ろう！わたしたちのチャイルドライツ』合同出版、2022

公立夜間中学の設置促進・充実

Check
□公立夜間中学とは？
□なぜ都道府県・指定都市に一校も必要なのか？

☑公立夜間中学とは？

公立夜間中学とは、「こんばんは」からはじまる公立の中学校の夜間学級のことです。夜の時間帯に授業が行われることから、通称「夜中（やちゅう）」と呼ばれています。

次頁の図は、全国の夜中の設置・検討状況（２０２３年4月現在）をまとめたものです。現在までに設置された地域は17都道府県（44校）ありますが、夜中の設置を決定した地域（11県）や検討を進めている地域（3県）を除いた白色で示した16県が目立ちます。つまり、現在の夜中とは、必要とする全ての人がアクセスできる学校ではないのです。

夜中は、新学制（6・3制）の導入と同時期の１９４７年からはじまりました。この頃はまだ戦後の混乱期であったため、貧困などにより就学できない生徒が数多く、また学籍

学齢期に修学することのできなかった人々の教育を受ける権利の保障に関する意見書（日本弁護士連合会，2006年8月10日）

を有していても、貧困のために昼間は就労せざるを得ないことから、学校を長期にわたって欠席する生徒も増加していました。こうした義務教育を修了していない人たちの真剣な教育要求の声に、善意の教師たちが応急的に学ぶ場を設けたことが、夜中のはじまりです（松崎運之助『夜間中学―その歴史と現在』白石書店、1979）。

では、現在の夜中にはどんな生徒が通っているのか、文部科学省が行った最新の調査から考えてみましょう。「令和4年度夜間中学等に関する実態調査」によると、全国40校の夜中に通う生徒（1558人）うち、約7割が外国籍生徒で、日本国籍生徒よりも多く通っていることがわかりました。外国籍生徒の国籍をみると、「中国」が最も多いものの、「ネパール」「韓国・朝鮮」「フィリピン」「ブラジル」など多国籍で、年齢別では「10代」が最も多いです。一方、日本国籍生徒については、「60歳以上」が全体の約4割を占めています。特に、3年前の年度の調査と比較すると、

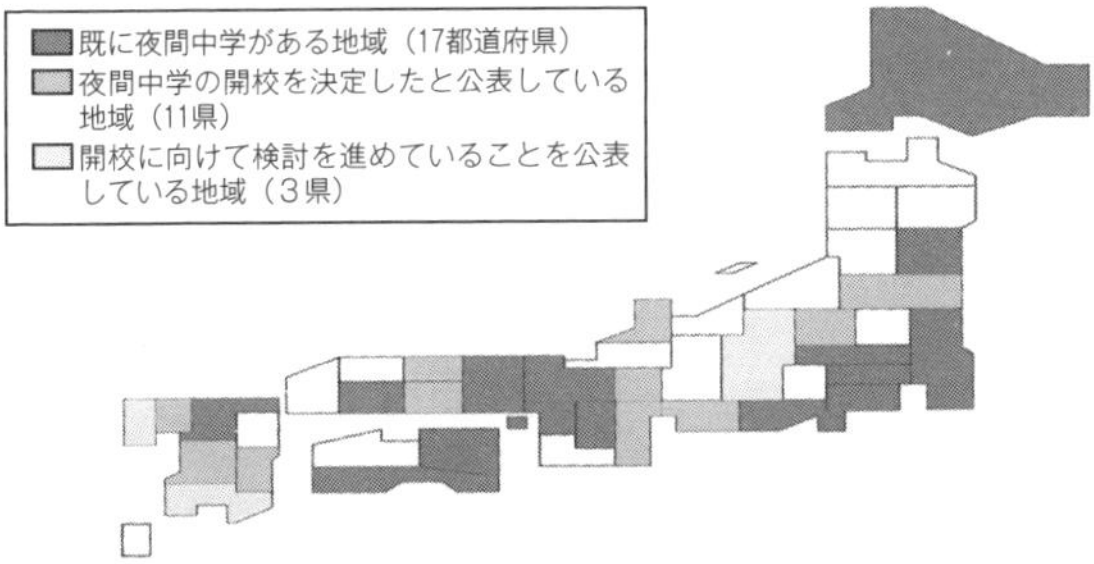

夜間中学の設置・検討状況（2023年4月現在）
文部科学省「夜間中学の設置・検討状況」より著者加筆

Theme 4 政策

夜間中学の設置・検討状況（文部科学省）

「10〜30代」が2倍以上に増加し、既卒者の入学希望者の割合が高まっていることがわかりました。すなわち、現在の夜中とは、出身国でも日本でも義務教育を修了できずに日本で暮らす外国籍者にとっての「学び舎」であり、また日本国籍者にとっては戦後の混乱期の中で義務教育を修了できなかった人や不登校などの理由で十分に通うことができなかった人たち（形式卒業者）の「学び直しの場」でもあるといえるでしょう。

☑なぜ都道府県・指定都市に一校も必要なのか？

菅義偉前内閣総理大臣の「今後5年間で全ての都道府県・指定都市に夜間中学が少なくとも一つ設置される、このことを目指し、全国知事会や指定都市市長会の協力を得て、取り組んでいきたい」という答弁によって（２０２１年1月25日衆議院予算委員会）、夜中の存在が広く知られることとなりました。その後に発表された「第4期教育振興基本計画」（２０２３年6月16日閣議決定）などでも、夜中の全国的な設置促進が明文化されるようになりました。それは一体なぜでしょう。

２０２０年に行われた国勢調査によって、日本国内に未就学者（小学校にも中学校にも在学したことのない人又は小学校を中途退学した人）は約9万人、最終卒業学校が小学校の者（小学校のみ卒業した人又は中学校を中途退学した人）は約80万人という、驚くべき実態が明

夜間中学の設置・充実に向けた取組の一層の推進について（依頼）（文部科学省，2023年９月14日）

らかになったからです。下の図は、その結果を国籍別に示したものです。このような中で全国の小中学校での不登校児童生徒数が９年連続で増加し、２０２１年は過去最多の約25万人になったという社会課題もあります。さらに、日本国内での労働者不足を補うための家族帯同を可能とする外国人労働者の受け入れを拡大する法律が２０１９年４月から施行されたことで、２０２２年末には外国籍住民数も過去最多で初めて３００万人を超えました。しかしながら、国は外国籍者をいまだ就学義務の対象外扱いとしていることで、不就学状態の外国籍児が約１万人という現状です。

　このような中で、「義務教育の段階における普通教育に相当する教育の機会の確保等に関する法律」が、２０１６年12月に施行されました。この法の基本理念では、教育機会の確保は「その年齢又は国籍その他の置かれている事情にかかわりなく」（第３条４）と明記されました（傍点は筆者）。つまり、この理念を実現する一つの方法として、夜中は大きく期待されているのです。

（東京外国語大学　小島祥美）

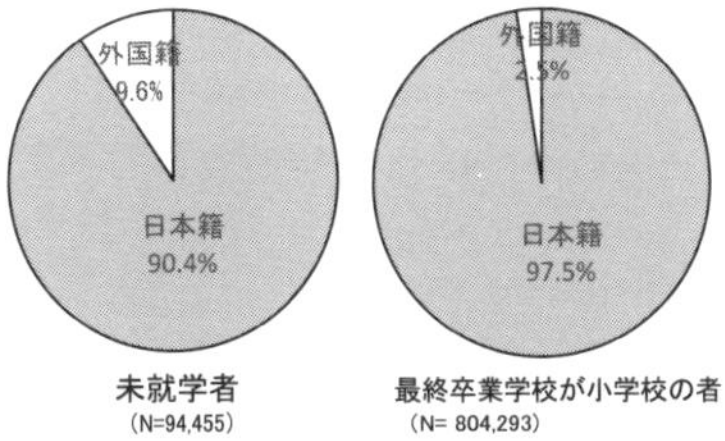

未就学者及び最終卒業学校が小学校の者の数

文部科学省「夜間中学の設置・充実に向けた取組の一層の推進について（依頼）」（2022年６月１日）より著者加筆

在外教育施設における学びの充実

Check
- □ 在外教育施設に関する政策の動きは？
- □ これからの在外教育施設に求められる教育とは？

☑ 在外教育施設に関する政策の動きは？

海外で生活する日本の子どもたちの就学形態は、大きく全日制の日本人学校と週末のみに開校する補習授業校に分かれます。この二つを合わせて在外教育施設といいます。在外教育施設に関する政策は、ここ数年で大きく動いています。２０２１年に文部科学省から「在外教育施設未来戦略２０３０～海外の子供の教育のあるべき姿の実現に向けて～」が発表されました。これは２０３０年までの在外教育施設の在り方を示したもので「在外教育施設グローバル人材育成強化戦略に基づく取組を発展させる」「ポスト・コロナ時代の在外教育施設の果たすべき役割や海外の子供の教育について」、そして「国家戦略としての支援方策を具体化する施策の方向性を明確化する」の三つの目標が掲げられています。

在外教育施設未来戦略2030～海外の子供の教育のあるべき姿の実現に向けて～（在外教育施設の今後の在り方に関する検討会，2021年６月３日）

今後、在外教育施設で重視すべき項目として、英語力強化、現地との交流強化、イマージョン教育、国際バカロレア（ＩＢ）の教育、ＩＣＴ教育、外国人児童生徒等への日本語指導、グローバル教師の育成強化研修プログラムの策定などがあげられています。ここから今後在外教育施設が目指すべき教育の方向性が読み取れます。

在外教育施設における新たな教育を推進するため２０２２年6月に「在外教育施設における教育の振興に関する法律」が公布、施行されました。これまで民間の自助努力に委ねてきた在外教育施設の教育を国の責任で行うことが初めて明記されました。教員の確保、研修の充実、教育内容・方法の充実強化、安定的な運営、安全対策、国際交流など多岐に渡り施策を展開することが書き込まれています。在外教育施設が海外にあるという環境を活かした独自の取組を求めています。

☑ これからの在外教育施設に求められる教育とは？

在外教育施設は国の政策と同時に、国際的な動向にも強く影響されます。新型コロナウイルス感染症のパンデミック、政治情勢の不安定化、さらには地球温暖化による世界規模での自然災害の多発など、世界の情勢が大きく変化しています。いわばグローバル化が新たな段階に入ったといえます。在外教育施設では、こうした世界情勢に対応した教育が必

在外教育施設における教育の振興に関する法律・基本方針について（文部科学省）

要になっています。第一は新たなグローバル化時代に必要な資質・能力を育成していくことです。そのためにはグローバルな学習課題を設定し、解決に向けて情報を収集・分析したり、仲間と協働したりしながら進めていく探究的な学習が必要です。これまでにも香港日本人学校香港校小学部ではIBの視点を取り入れ、地域やグローバルな課題を教科横断的に学ぶことができる新たな教科として「グローバルスタディーズ」を開設して、日本語と英語で学ぶ探究的な学習を行っています。また、シンガポール日本人学校では地域のSDGsをテーマした探究的な学習が行われています。この他、日本人学校の中には特定の教科について英語イマージョンの授業を行っており、英語力の向上を図っています。こうした取組を在外教育施設全体に広げていくことが課題です。

第二は在外教育施設で学ぶ子どもたちの多様化が進んでおり、その多様性を学びの場で活かす取組が必要になっています。在外教育施設には多様な言語能力をもった子どもたちが多くなってきました。日本人学校では小学部から英語はもとより、現地の言語の学習も行われています。さらに、日本語を母語にしない子どもには日本語の学習も行われていきます。こうした複言語的な環境を活かした教育を行うことは、多文化共生にもつながっていきます。複数の言語を適宜使い分けながら、多様な子どもたちが共に学ぶことができるような実践を進めていくことです。

第三は、在外教育施設間や日本国内の学校との連携や交流の強化です。新型コロナウイルス感染症の影響で在外教育施設では子どもの数が減少しています。人数が少ない在外教育施設では、複数の学校間での学びの場を意図的につくる必要が出てきています。たとえば、複数の学校でSDGsの目標を選び、それぞれの国や地域のことを調べ、相違点や共通点をまとめ、解決の方策について議論していくといった学びです。また、ICTを活用して学校をこえた教師の研修の場もつくっていく必要があります。

在外教育施設は、これまで将来帰国して日本で学ぶ時に困らないようにすることを主要な目的にし、日本国内の教育に追いつくための教育を目指してきました。こうした教育を大きく見直す必要があります。それは海外にあるという環境を最大限活かした独自の教育を展開し、新たなグローバル時代のフロンティアとしての役割を担うことです。海外で学ぶ日本の子どもたちは多様ですが、海外で暮らしながら日本につながっていることは共通です。その共通性を核に学び合いの場を築いて、多様な場で活躍できる次世代を育てることが、在外教育施設のこれからのミッションではないでしょうか。


（東京学芸大学名誉教授　佐藤郡衛）

大学のイノベーション・コモンズ（共創拠点）化の推進

Check
□イノベーション・コモンズ（共創拠点）とは？
□共創拠点化に必要なこととは？

☑イノベーション・コモンズ（共創拠点）とは？

大学の重要な役割は、教育と研究だけではなく、社会貢献にもあります。教育研究の成果を、様々な社会課題の解決に活かすことを求められており、持続可能な社会の実現は、その最たるものでしょう。そのためには大学全体を、異なる知識や立場、価値観をもつ人が集まり交流し、イノベーションを創出するための場としていく必要があります。

イノベーション（innovation）は、「革新」、「新しい考え」と訳されます。またコモンズ（commons）は、「共有の場、公園、広場」の複数形です。その二つを併せたイノベーション・コモンズは、新しい考えや革新が生まれる共有の場所ということになります。

革新は一つの専門分野だけから生まれることは稀で、様々な研究分野が連携することによって実現に近づいていきます。大学を、様々な分野の研究者、企業、地方自治体、市民、学生などに開かれた場所として、多面的な知識の交換、共同研究、相互交流、問題意識の共有など、多彩な知的作業（共創）が可能な共有の場所にすること、それが「共創拠点」という言葉に込められています。

　現在我が国では、少子高齢化・人口減少・都市部への一極集中などに起因して、地方都市の衰退が大きな社会問題になっています。中心市街地の衰退、耕作放棄地や空き家の増加、後継者不足による地域産業の衰退、廃校問題、インフラの老朽化など、数え上げればきりがありません。

　その解決策を考えるとき、地方都市に所在す

「イノベーション・コモンズ（共創拠点）」とは
・あらゆる分野、あらゆる場面で、あらゆるプレーヤーが共に創造活動を展開する「共創」の拠点
・教育研究施設の個別の空間だけでなく、食堂や寮、屋外空間等も含め キャンパス全体が有機的に連携した「共創」の拠点
・対面とオンラインのコミュニケーションが融合し、ソフトとハードが一体となって取り組まれる「共創」の拠点
⇒多様な学生・研究者や異なる研究分野の「共創」、地域・産業界との「共創」の促進等により、
教育研究の高度化・多様化・国際化、地方創生や新事業・新産業の創出に貢献
個別学修やアクティブ・ラーニング
ICTを活用した国際交流
オープンラボでの産学連携
キャンパスを活用した実証実験
世界をリードする最先端研究
日常的な知的交流や人間関係の形成
公開講座などの地域貢献
©2020 イラストレーションヤノ 矢野晃

イノベーション・コモンズ（共創拠点）

出典：「イノベーション・コモンズ（共創拠点）」（文部科学省）

「イノベーション・コモンズ（共創拠点）」の実現に向けて
—まとめの方向性—（令和４年５月）
（文部科学省，2022年５月）

る大学の役割がとても重要になってきます。個々の地域が自立していくために必要な、地域経済の再生、社会機能の再生、環境の保全再生などを、大学は、自治体や企業・市民と連携して課題解決の方法を立案し、連携の仕組みづくりや担い手の育成を実践し、地域のイノベーションにつなげる「共創拠点」となることが求められています。

共創拠点化に必要なこととは？

それではどのように「共創拠点」をつくっていけばよいのでしょうか。共創拠点となるために必要なこととは、どのようなことなのでしょうか。それには、「コモンズ（共有の場）」に不可欠な場の要素を考える必要があります。

「コモンズ」は、都市計画分野でよく使われている言葉ですが、単に美しく機能的な共有の広場をつくるという「空間づくり：スペース・メイキング」ではなく、「人々の交流を誘発し、活動を見える化（可視化）し、フレキシビリティを高める」という、活動を支える「場づくり：プレイス・メイキング」が重要だとされています。

教育分野でよく使われる「ラーニング・コモンズ：学ぶための共有の場」においても、都市のコモンズと同様に、活動を支える場づくりの重要性は変わりません。学生の自発的学修を促し、創造力豊かな学生を育むアクティブ・ラーニングという方法を実践する場所として、「交流の誘発」・「活動の可視化」・「フレキシビリティの確保」という、プレイス・メイキングの三要素を備える必要があるとされています。

文部科学省の「新しい時代の学びを実現する学校施設の在り方について」でも、小学校や中学校での学び、生活、共創の場として「ラーニング・コモンズ」が求められています。イノベーション・コモンズも全く同じで、学生だけではなく、より多くの関係者による共創活動が展開できる場づくりをしていかねばなりません。

様々な人々の交流が自然と生まれるような設え、そこで行われる活動の様子が他の人からも見えるようにする工夫、使い方を固定するのではなくできるだけ多様な使われ方に対応できること、これらを兼ね備えることが重要です。プレイス・メイキングの三要素を考慮しながら、大学キャンパスや地域を実証フィールドとして、持続可能な地域再生の在り方を研究・実践していくことが益々重要になっていきます。大学の存在が地域の中で必要不可欠な要素となるように、キャンパスを共創拠点化して、都市や地域の再生に寄与していくことが求められています。

（千葉大学名誉教授　上野　武）

参考資料

・森政之、竹内比呂也、上野武、原修「座談会　ラーニングコモンズを超えて」『季刊　文教施設61』2016新春号、pp.11-18

「新しい時代の学びを実現する学校施設の在り方について」
最終報告の公表について（文部科学省，2022年３月30日）

現行学習指導要領の成果と次期学習指導要領改訂に向けた議論

Check
□ 現行学習指導要領を捉えるデータは？
□ 次期学習指導要領改訂に向けて議論すべき課題は？

☑ 現行学習指導要領を捉えるデータは？

1 「資質・能力」を基盤にした学習指導要領

現行学習指導要領のテーマの一つに「教育内容」（コンテンツ）から「資質・能力」を基盤とする「コンピテンシー・ベイス」への転換があります。その一環として、学習指導要領の枠組みを見直し「何ができるようになるか」「何を学ぶか」「どのように学ぶか」などについて改善事項を整理し、総則の改善を図りました。ただこれら理念の浸透をはじめとする成果や課題を明らかにするには、データ不足は否めず今後に多くが委ねられています。

2 データを基にした成果と課題の読み取り

改訂に関わるデータが限られる現状にあって、全国学力・学習状況調査や教育課程実施

令和５年度　全国学力・学習状況調査の結果
（文部科学省　国立教育政策所，2023年７月31日）

状況調査は、エビデンスに基づく政策立案（Evidence Based Policy Making）とも相まって重みをもつようになりました。

ちなみに、全国学力・学習状況調査（２０２３年4月18日実施）をみると、国語の成果と課題について、小学校の場合、◇話や文章の中心となる語や文を捉えることは比較的できている。◆複数の情報を整理して自分の考えをまとめたり書き表し方を工夫したりすることに課題がある。中学校の場合、◇聞き取ったことを基に、目的に沿って自分の考えをまとめることはできている。◆情報と情報との関係について理解することに課題がある。と概括されています。

また同時実施の「質問紙調査」からも学校現場の一端が捉えられます。カリキュラム・マネジメントについて、「教育課程表（全体計画や年間指導計画等）について、各教科等の教育目標や内容の相互関係が分かるように作成していますか」と問い、「よくしている」から「全くしていない」まで4段階尺度で回答を求めています。結果は「よくしている」が小学校42・３％、中学校が39・３％でした。また「児童生徒の姿や地域の現状等に関する調査や各種データなどに基づき、教育課程を編成し、実施し、評価して改善を図る一連のＰＤＣＡサイクルを確立していますか」については、小学校39・１％　中学校35・１％

令和４年度公立小・中学校等における教育課程の編成・実施状況調査　調査結果の概要について（文部科学省）

が「よくしている」でした。限られたデータではあるものの、様々な課題への対応に迫られる状況下、新学習指導要領に向き合おうとする学校の姿を捉えることができます。

✔ 次期学習指導要領改訂に向けて議論すべき課題は？

1 資質・能力と教育内容

改訂によって各教科等の目標は資質・能力（コンピテンシー）仕様となりました。しかし、教育目標と教育内容の再整理をはかったものの、両者の関係については十分に詰め切れなかったというのが学習指導要領の現状です。これをどうするか、次に向けて議論すべき課題にあげられます。

2 教育内容の扱い

学習指導要領における教育内容の扱いをめぐり、昨今、「オーバーロード」ということが話題にされます。過重に積載するとか、負担をかけるなどの意味で、心理的な負担というニュアンスを込めて使われる概念ともいわれ、学習指導要領の在り方をめぐって「カリキュラム・オーバーロード」といった点から取り上げられることがあります。次にあげる諸点を含め、多面的・多角的な議論を深めていくことが求められます。

・教育内容の精選を取り上げると、かつての批判が再燃すると心配の声が聞こえてきます。

今後の教育課程，学習指導及び学習評価等の在り方に関する有識者検討会

この懸念をどう克服するか。二項対立を超えて議論を深めていくことが問われています。

・現在の教育課程はかつての週6日制社会を抱え込んでいるところがあり、変化する週5日制社会に見合った教育課程とは言い切れないところがあります。どう見直していくか考える必要があります。

・授業時数や教育内容の扱いとともに、教師の働き方改革の話も進んでいます。ただ、これらを一体化させて議論を進めることについては慎重さが問われます。不完全な改善案を導き出してしまうことにもなりかねません。議論の進め方に工夫が求められます。

3 改訂のフィールドを構築する

このたびの学習指導要領改訂にあたり、教育学をはじめ人間の発達や認知に関する科学など学術研究の成果が幅広く参考にされました。この動きはさらに発展を遂げるものと考えられます。諸科学の連携や協働という観点から、さらに学校現場の知を加え、学習指導要領改訂を議論するフィールドの構築及びそのマネジメントが問われます。

（千葉大学名誉教授　天笠　茂）

参考資料

・天笠　茂「カリキュラムの教育経営学の構築とその課題」『日本教育経営学会紀要』第61号、pp.2-12、2019

個別最適な学び・協働的な学びと子どもの姿

Check
□なぜ、「個別最適な学び」「協働的な学び」が求められているのか?
□子どもの変容を実感できる教育実践とは?

☑なぜ、「個別最適な学び」「協働的な学び」が求められているのか?

子どもたちには、自分の力で考え、選択・決定し行動できる力、加えて、自分の個性を発揮しながら、多様な人々と協働して、一つ一つ課題を解決する力を身に付けてほしいと願っています。しかし、予測不能な日本の将来に不安を感じている親（大人）は、子どもの前にレールを敷き、そこから外れないように、常に手を差し伸べてしまいがちです。また、報道やネットで目にする情報は、自己中心的なものが多く、「自分ファースト」の風潮があります。これにより、学校の理念との間にギャップが生まれ、悩みを抱える教員も多いでしょう。さらに学校では、いじめ、不登校、発達障害の子どもへの対応等が求められますが、「一斉授業」という授業の在り方もその対応に苦慮する要因の一つだと指摘さ

「個別最適な学び」と「協働的な学び」の一体的な充実（文部科学省）

れています。教室には、多様な子がいるため、習熟度の違いは誰もが悩みとしていることでしょう。授業についてこられない子に目がいきがちですが、一方で、ちょっと退屈だと考えることをやめてしまう子がいることも見逃してはいけません。また、他の子と比較されやすい一斉授業では自分が劣っていると感じやすく、自己肯定感が高まりにくく、不登校になってしまう子がいるのも事実です。得意・不得意がいじめの原因になることもあります。最近では、発達障害のある子、そうであると思われる子が各学級にいて、みんなで同じことを同じペースですることが苦手なために、登校しぶりを見せるケースも増えています。増え続ける教育課題を解決するだけでなく、予測困難で急激に変化する時代をたくましく生き抜いていく子どもたちを育てるためにも、これまで当たり前とされてきた教育システムを見直す必要があるでしょう。そのためのキーワードが「個別最適な学び」と「協働的な学び」であり、学校は、その一体的な充実を追究していく必要があります。

☑子どもの変容を実感できる教育実践とは？

「個別最適な学び」と「協働的な学び」を実現する学校づくりを考えていたとき、「イエナプラン教育」と出合いました。本校では、イエナプラン教育のいいとこ取りをして、学校生活で、「主体的に課題に取り組んでいる姿」「互いに認め合いながら自分のよさや個性を生かし、協働している姿」を目指し、次の2点に重点をおいて取り組んできました。
○子ども一人一人の興味・関心や能力・進度に合わせて、自ら計画を立てて学習を進める「YST（山吹セレクトタイム）」
○異学年で構成するグループで、互いの考えや意見を交流・共有し、よりよい解決策を探る「ふれあい活動」

YSTとは、子どもたちが、自立した学び手となることを目指す取組で、「いつ学ぶか」「何を学ぶか」「どのように学ぶか」を自分で選択、計画して学習を進め、「個別最適な学び」を実現します。教員は、翌週の予定を記した「週計画」と、学習の目指すゴールや時間数の目安、進め方などを記した「単元進度表」を配付し、子どもたちは、どの時間にどの教科をどのように学習するかを考えて学習計画を立てます。単元の最初の授業では、「インストラクション」を一斉に行い、単元のゴールをイメージできるようにし、学びへの動機付けを行います。さらに、その単元で身に付けてほしい学習内容や学び方、到達目標などを「ルーブリック」として3段階で示し、掲示などして共有します。それにより、子どもたちは学びの見通しをもち、自立して学習を進めることができます。自ら立てた計画に沿って学習を進めるため、教室では、複数の教科が同時に進行されます。このような学びを通して「自分の学びに責任をもつ」子どもが育ち、将来、自分の考えをもち、自分の意志で行動し、自身の将来を決めていく主体性を身に付けることができるのです。

ふれあい活動とは、1〜3年生、4〜6年生でそれぞれ構成するグループで、探究的な学習を進める取組です。年齢が近いため話し合いやすく、6年間で様々な立場を二度経験できる点がメリットです。これまでに取り組んだ実践では、SDGsの17の目標からテーマを設定し、低学年グループでは、「つくる責任　つかう責任」をテーマに、身の回りの「もったいない」を見つけ、高学年のグループでは、「住み続けられるまちづくりを」をテーマに防災、福祉、観光の観点から取り組みました。子どもたちは、自分たちに何ができるかを考え、調べ、体験し、まとめて発表し、自分たちの行動につなげました。

本校3・4年生57名へのアンケート結果では、90％以上の子どもが「新しいことを学んで身に付けようとするとき、自分で計画を立て、学習を進めることができる」と回答、85％以上の子どもが「挑戦と失敗を繰り返しながら、問題や課題の解決に取り組んでいる」「相手が、自分とは、違う考えや気持ちでも、最初から否定しないで受け止めている」と回答しています。日々の姿に加え、アンケート結果からも変容が実感できています。

（愛知県名古屋市立山吹小学校　山内敏之）

カリキュラム・オーバーロードと求められる重点化

Check
□カリキュラム・オーバーロードとは何か？
□カリキュラム・オーバーロードをどう乗り越えるか？

カリキュラム・オーバーロードとは何か？

カリキュラム・オーバーロードとは、教育活動において教育内容が多すぎ、授業においてこなしきれない（オーバーロード〔過積載〕）と認識されている状態を指し、その背景として次の四点を挙げることができます。第一は、学術研究の進展や社会の複雑化に伴い、教育内容は必然的に増加することです。たとえば、ライフサイエンス革命の前後で生物の内容は質量両面にわたって変化しています。この傾向は世界共通といえるでしょう。

第二は、学習指導要領改訂において教育内容は増やすことは比較的容易ですが重点化することは難しく、何をどのように重点化するかの考え方が必要であることです。１９９８年改訂では、新設する総合的な学習の時間の時数確保と学校週５日制への対応により大幅

今後の教育課程，学習指導及び学習評価等の在り方に関する有識者検討会（文部科学省）

に削減された教科の授業時数に教育内容を収めるために、子どもたちの理解度の高低や各学年間等での重複といった形式的な要素に基づいて教育内容の厳選を行ったため、各教科の本質を深く理解するために不可欠となる主要な概念が扱われなくなったり、知識の確実な理解のためのスパイラル構造が解体されたりしました。教育内容の重点化に当たっては、教科の本質等を踏まえた原則や基本的な考え方を整理する必要があります。

第三は、我が国の教科書は学習指導要領に定める内容事項について極めて精緻かつ網羅的に編集されており、入試の在り方と相俟って教育界においても社会においても教科書の内容を授業において全て扱うことが前提とされているため、学習指導要領総則に明記されている単元のまとまりを見通して特定の内容に思い切って重点を置いて指導したり、指導の順序を組み替えたりするといった創意工夫が行い難い状況にあることです。

第四は、生成ＡＩなどのテクノロジーの飛躍的進化のなかで、情報を検証し、問いを立てる力、身体性に基づく思考や対話のなかから知性を見出す力がますます重要になっています。このような力を引き出す上で子どもたち自ら問題意識をもって知識を理解したり思考したりするための個別性の高い教育が不可欠となっていますが、そのような学びは現在の教育内容を授業で全て指導することとは両立しないとの指摘がなされていることです。

☑ カリキュラム・オーバーロードをどう乗り越えるか？

国内外の教育課程の動向に詳しい白井俊氏（文部科学省）は、カリキュラム・オーバーロードへの対応として、①各学問分野の原理や原則に焦点を当てて教育内容にメリハリをつける、②各教科における本質的な思考の方法や視点、考え方に焦点を当てて教育内容にメリハリをつける、③学習テーマを実社会・実生活上の課題に結び付けて統合的に学ぶといった方法論を挙げています。また、教育課程について教師や学校により大きな裁量を与えることも重要であるとともに、学習指導要領改訂の立案過程における専門家間での認識の共有やより幅広いステークホルダーの参画も有効と指摘しています。

カリキュラム・オーバーロードについては学校や教師の判断で工夫できる余地はありますが、より構造的な対応が求められており、2027年目処の学習指導要領改訂においては教科の本質等を踏まえた教育内容の重点化、教育課程編成の弾力化が必要です。中央教育審議会では次期改訂の「編集方針」を見定めるべく義務教育については奈須正裕上智大学教授が、高校教育については荒瀬克己中教審会長が中心になって議論が進められています。

2017年改訂においては「主体的・対話的で深い学び」の学びの深さの鍵となる各教

科等の見方・考え方が明確化されました。次期改訂における教育内容の重点化や教育課程編成の弾力化は、生成ＡＩの飛躍的進化といった本質的で構造的な変化を踏まえながら、教科の文脈に即して当該教科の見方・考え方を働かせるに当たってどの教育内容を優先することが有効かを具体的に検討しなければなりません。２０１７年改訂に関する中教審答申が指摘しているように、個々の歴史的事実に関する知識は「その出来事はなぜ起こったのか」「その出来事がそのような影響を及ぼしたのか」を追究する学習の過程を通じて、知識相互がつながり関連付けられながら習得されます。そして、そのような学びが教科の本質を深く理解するうえで不可欠な主要な概念の理解につながります。次期改訂において各教科の主要な概念につながる知識や用語を中心にその構造を整理することにより教育内容の重点化を図るに当たっては、教科教育学だけではなく、教師の経験知・暗黙知、その教科に関する最先端の研究者やＡＩの専門家・起業家などの知見を活かし、教育内容の優先順位を明確化する必要があります。また、教育課程行政に閉じることなく、標準化されたシステムとしての学校制度、教員免許制度や教職員配置・処遇の改善、公教育への投資の拡充などを一体的に図ることが求められています。

（文部科学省　合田哲雄）

英語教育・日本人の対外発信力の改善

Check
□英語教育・日本人の対外発信力の現状は？
□日本人の対外発信力はどのようにすれば改善されるのか？

☑英語教育・日本人の対外発信力の現状は？

２０２２年８月８日、文部科学省は「英語教育・日本人の対外発信力の改善に向けて」と題された「アクションプラン」（以下、「ＡＰ」）を公表しました。その冒頭で、「グローバル化する中で世界と向き合うことが求められている我が国においては、**自国や他国の言語や文化を理解し、日本人としての美徳やよさを生かしグローバルな視野で活躍するために必要な資質・能力**の育成が求められている」（傍線・太字ママ、以下同じ）とし、「**しかし、様々のデータから、英語力や対外発信に関する課題が示されている**」として、現状の改善に必要な「アクション」が示されています。

まず、このＡＰが「対外発信力」を英語力と同一視していること、及び、英語力の育成

英語教育・日本人の対外発信力の改善に向けて（アクションプラン）（文部科学省）

のために学校英語教育の改善を求めていることに注意しなくてはなりません。

「対外発信力」とは「他者に向けて自身の意見や思いを的確に伝える能力」としてよいでしょう。ここでいう「他者」とは他国や日本文化を母文化としない人などを指します。対外発信力の基盤となるのは言語と文化の多様性を理解することです。言語も文化も様々な形態を採りますが、優劣の差はなく、相対的な差があるだけです。

このＡＰの根本的誤謬は対外発信力を考えるにあたり、英語の国際的通用性のみに注目するあまり、英語優越主義に陥ってしまっている点にあります。対外発信力の基盤にあるべき、言語と文化の多様性とはまったく逆の視点からのものになってしまいました。

対外発信力のもう一つ重要な基盤が思考力です。言語は思考と重要な関わりをもっていますし、思考の結果を整理する時にも言語が関与します。この点についてもこのＡＰはなんら指針を示していません。

ＡＰに示されたデータも日本人の対外発信力のごく限られた面だけを切り取ったもので、これだけでは現状の改善に必要な「アクション」は浮かび上がってきません。

とはいえ、対外発信力を強化していくことは必要なことですので、どのような改善策が必要なのかを次の質問に答える形で考えてみたいと思います。

☑日本人の対外発信力はどのようにすれば改善されるのか？

このＡＰに限らず、日本の外国語教育政策は英語の国際的通用性のみに注目し、英語優越主義に陥っています。まず、その呪縛から学校教育を解放することが改善の第一歩です。すでに述べたように、対外発信力をもつための基盤となるのは言語と文化の多様性の理解です。その理解を達成するための支援をするのが言語教育の役割です。ここでいう「言語教育」とは母語の教育と外国語の教育とを有機的に関連付け、一体化した教育を指します（次ページの図参照）。

母語は教育的支援なしに放っておいても自然に形成され、運用することもできます。しかし、母語の力を十分に発揮させるためには母語への気づきが必要です。母語に対する直感を利用し、母語の仕組みと働きを理解することで、自分の意見や思いを的確に伝えるためにはどのようにすればよいのかを判断することができるようになります。

母語への気づきは外国語学習の重要な基盤として機能します。たとえば、母語での「を修飾する」に関する気づきは外国語学習において品詞理解の重要なカギとなります。（たとえば、「亜矢は美しく／＊美しい歌う」「亜矢は＊美しく／美しい声で歌う」Ａｙａ sings beautifully/*beauful. vs. Aya sings in a *beauitifully/beautiful voice.)

外国語という視点を手に入れることで母語への気づきが促進されることもあります。たとえば、英語の関係代名詞節には制限的用法と非制限的用法があることを学ぶことによって「勤勉な日本人」の二義性に気づきやすくなります。

豊かに育成されたことばへの気づきは文章構成にも力を発揮します。たとえば、言語技術（language arts）の活用にはことばへの気づきが不可欠です（三森ゆりか『大学生・社会人のための言語技術トレーニング』〈大修館書店、2013〉など）。

ことばへの気づきは思考力の向上につながり、母語と外国語を制御して効果的に運用することを可能にします。対外発信力の育成にことばへの気づきが重要であると考える所以です。

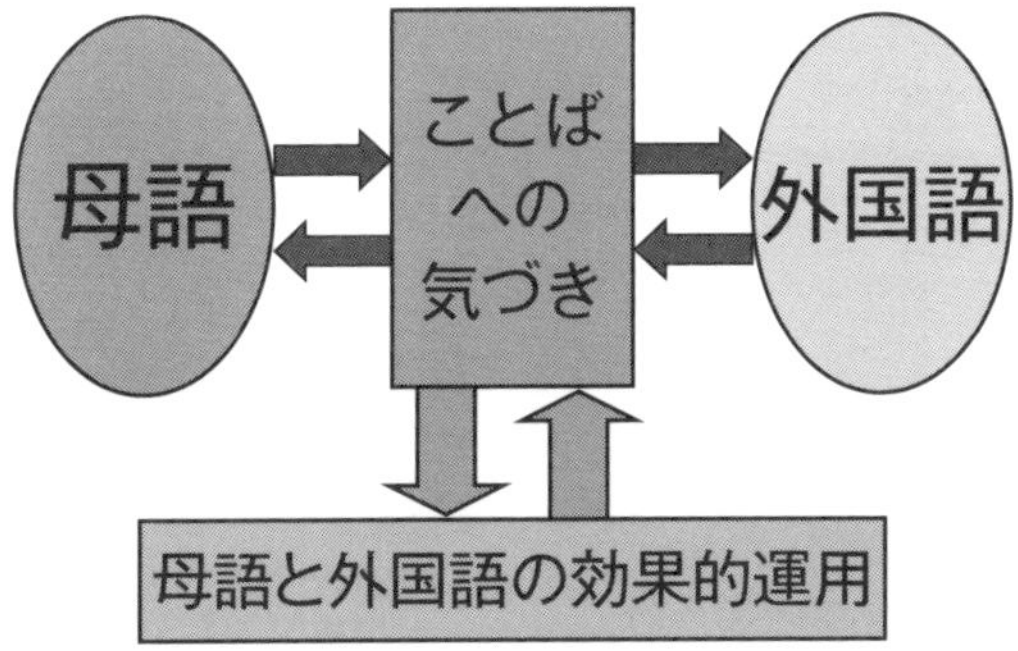

対外発信力は付け焼刃的に育成できるものではありません。ことばの本質を理解したうえで、本稿で略述した「言語教育」の実現を図ることが強く求められています。

（関西大学　大津由紀雄）

全国学力・学習状況調査（英語「話すこと」）CBT調査の実施と課題

Check
□英語「話すこと」調査の実施の意義は何か？
□英語「話すこと」調査の実施上の課題は何か？

☑英語「話すこと」調査の実施の意義は何か？

全国学力・学習状況調査（英語「話すこと」）は、1人1台端末を用いたCBT調査（文部科学省CBTシステムMEXCBTを用いたオンライン音声録音方式）として2023年4月18日に実施されました。結果公表は7月31日、英語「話すこと」の平均正答率は12・4％で、6割以上の生徒が5問中1問も正答できなかったことが、マスコミに大きく取り上げられました。

調査の目的は、全国的な児童生徒の学力や学習状況を把握・分析し、国や教育委員会の教育施策の成果と課題を分析・改善し、学校で児童生徒への教育指導や学習状況の改善・充実等に役立て、教育に関する継続的な検証改善サイクルを確立することにあります。中

令和５年度　全国学力・学習状況調査の結果
（文部科学省　国立教育政策研究所，2023年７月31日）

学校外国語科の目標は、外国語による「聞くこと」「読むこと」「話すこと」「書くこと」の言語活動を通して、簡単な情報や考えなどを理解したり表現したり伝えあったりするコミュニケーションを図る資質・能力を育成することです。英語「話すこと」は、全部で５問出題されました。即興で伝え合うとともに、考えとその理由を述べ合う問題が４問、説明を聞いて、考えとその理由を話す問題が１問という構成です。

話すことの力は、実際に話すというパフォーマンスがないと評価できません。英語「話すこと」調査の実施は手間も時間もかかりますし、採点も難しいです。しかし、全国学力・学習状況調査の目的に照らして、英語「話すこと」調査を全国規模で実施できたということには、大きな意義があります。英語で話すことの力を育成する必要性を多くの教育関係者は実感したことでしょう。

平均正答数	平均正答率	中央値	標準偏差	最頻値
0.6問/5問	12.4%	0.0問	1.0問	0問

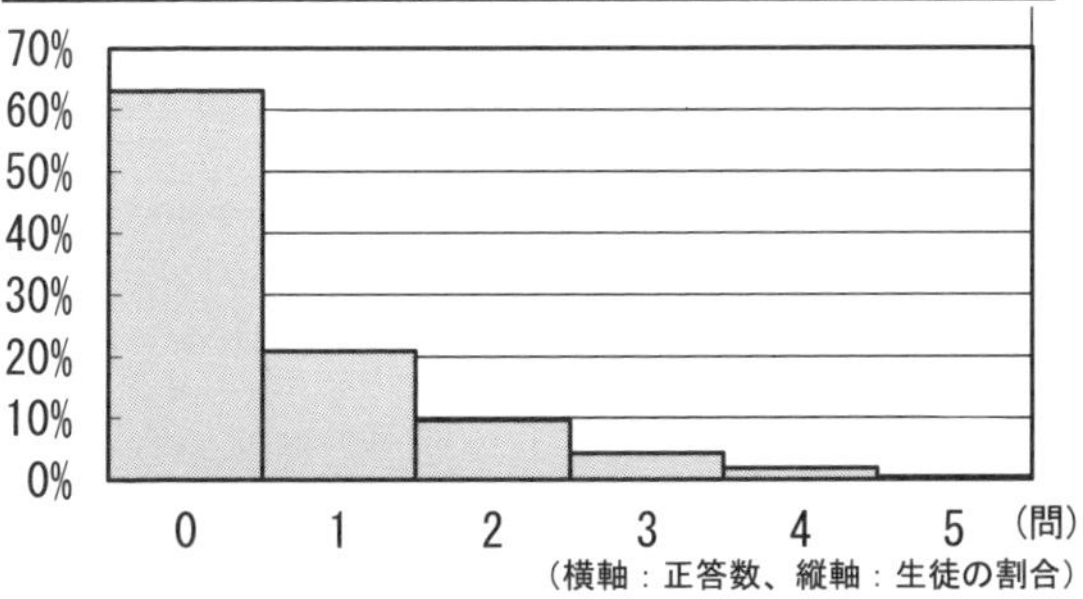

中学校英語の生徒の正答数分布グラフ

出典：「令和５年度　全国学力・学習状況調査の結果」国立教育政策研究所

令和５年度　全国学力・学習状況調査　報告書【中学校／英語】（文部科学省　国立教育政策研究所，2023年８月）

☑ 英語「話すこと」調査の実施上の課題は何か？

英語「話すこと」調査の実施上の課題を、次の五つの論点に整理してみました。

第一の論点は、設問自体に関することです。各設問にはコミュニケーションを行う目的や場面、状況等を示す絵が示されていますが、絵の意図が生徒に伝わりにくかった可能性が考えられます。また、正答率が4.2％と最も低かった問題は、環境問題についてのプレゼンテーションを聞き、話し手の意見に対する自分の考えとその理由を伝える内容です。英語のプレゼンテーションが理解できないと、解答できない問題である上、テーマも中学生にとっては身近な話題ではなかった可能性があり、難しく感じられたのかもしれません。

第二の論点は、実施に関わることです。英語「話すこと」調査は、ＣＢＴで実施されましたが、文部科学省によると、一部または全ての音声データを登録できなかった生徒が１割ほどいたそうです。１回目で正常に全ての音声データが登録されていない原因としては、端末の不調やネットワークの遅延等により、録音ができないまま次の問題に進んでしまったこと等が考えられるそうです。また、生徒自身の端末操作の不慣れなども指摘されています。年度当初の実施で、学校も慣れていない点があったかもしれません。

第三の論点は、採点に関することです。話すことの調査は、報告書で確認できる限り、文部科学省 CBT システム（MEXCBT：メクビット）について（文部科学省 総合教育政策局 教育 DX 推進室，2023年９月26日更新）

完全正答、準正答、誤答（無解答含む）の３段階で評価されています。完全正答は、正確な英語で話している状態、準正答は、おおむね正確な英語で答えている状態で、それ以外は誤答です。この採点基準は、「書くこと」の採点基準とほぼ同じで、英語で即興で話すことの評価としては、厳しめであったことが考えられます。

第四の論点は、学校での指導に関することです。平成29年告示学習指導要領が中学校で開始後3年目の春の実施で、先生方の間で新たな指導法が十分に浸透しきれていなかったことも考えられます。生徒も新たな言語活動に十分に慣れていなかったかもしれません。

第五の論点は、生徒の調査に向かう態度に関することです。英語「話すこと」調査の無解答率がどの問題でも20％前後ありました。あえて無理をして話さず、複雑な問題は回避するという行動を生徒が取ったことも考えられます。また、同じ教室内でヘッドセットを使用して調査が行われたため、他の生徒の解答状況が影響したことも考えられます。

このように、英語「話すこと」の全国的なＣＢＴ調査は実施が大変難しいのですが、調査の意義は大きいので、今回の課題を克服し、より適切に生徒の学力が反映でき、学校や生徒が励まされるような調査となるよう、工夫・改善を重ねていただきたいと思います。

（横浜国立大学　斉田智里）

Theme 5 教育課程・学習

高等学校教育における多様性への対応

Check
- □高等学校の多様性と進路の多様性はいかに変化してきたか？
- □多様性に向き合う覚悟は社会の側にできているか？

☑高等学校の多様性と進路の多様性はいかに変化してきたか？

高等学校教育における多様性を考える上で、この30年間における進学率や卒業後進路、18歳人口の劇的な変化への検討は欠かせません。１９７０年代に90％を超えた高校進学率は、２０２２年に99％に達し、さらに１９８２年には40％を越えていた高卒後就職者の割合が２０２２年に15％を下回りました。他方で18歳人口は１９９２年の２０５万人をピークに、２０２２年に１１２万人と半減したことで問題はより複雑化します。

かつては選抜、配分の役割が期待された高校教育は、過度な学校間格差や序列化を生んだ反省から、１９８０年代後半の中教審や臨教審を起点に「高校教育の個性化・多様化」政策が推し進められました。総合学科や単位制高校、中高一貫教育校など様々な学校種が

令和４年３月新規高等学校卒業者の就職状況（令和４年３月末現在）に関する調査について（文部科学省）

誕生しましたが、大学・短大や専修学校専門課程への進学率が80％を越えた現在、皮肉なことにいっそう進学準備の期待が寄せられるようになっています。

１９９１年の中教審答申では、新しい時代に対応する教育制度として「共通性を維持しつつも一定の弾力性を確保すること」が謳われました。学習指導要領で高い共通性を担保していた小・中学校のように、高校にも最低限必要な知識・技能や教養の共通性確保が必須とされたのです。この共通性の維持と同時に、学校が創意工夫できる裁量を残すことで、生徒の選択の幅は拡大するはずでした。しかし、結局のところ多様なカリキュラムを提供する学科やコースの設置は、学力中位校や下位校ほど積極的で、「進学校／非進学校」という従来区分が、「進学校／進路多様校」に単に置き換わっただけで、進学意識の高い上位校とのあいだにかえって分断が広がったとも指摘されました。

２０００年代に入ってからは、「多様な個性が生かされる教育の実現」という目標が掲げられました。しかし、ここでも多様な個性とは、発達障害などの障害をかかえる子どもたちや不登校等の子どもたちなど、何らかの事情で従来型の集団教育になじめなかった場面に限定されてしまいます。もちろん、日本語能力が十分でない子どもたちへの配慮や、家庭の経済状況に左右されない教育機会の保障がいずれも重要な教育政策であることは疑

高等学校教育の在り方ワーキンググループ（文部科学省）

いありませんが、本来は障害の有無や国籍、性別の如何によらず、社会が有する多様性をもっと取り込んだかたちで、一人一人にとってあるがままの個性を大切にする学びの機会を模索する必要があるのではないでしょうか。

☑多様性に向き合う覚悟は社会の側にできているか？

２０２２年10月に特別部会の下に「高等学校教育の在り方ワーキンググループ」が設置されました。「共通性と多様性の観点から高等学校教育の在り方」や「全日制課程・定時制課程・通信制課程の望ましい在り方」などが検討事項となっています。

たとえば不登校経験を有する生徒や特別な支援を必要とする生徒については、定時制や通信制といった全日制とは異なる課程の学校種が生徒の学びに対するセーフティネットとなることがあります。しかし、すでに在籍率が定時制や通信制あわせて10％にせまろうかという状況にもかかわらず、一部の大人に未だ旧来の先入観を払拭できず、その大人の目を気にした生徒自身も自らの選択を消極的に捉えてしまい、学びの選択肢としてフラットに向き合えていないとも指摘されます。単位の柔軟な認定もＩＣＴや通信技術を適宜あわせた不登校特例制度も、学びの形態や手段の一つだと捉え、生徒自身が主体的に選択できる学校制度こそが求められているのです。

新しい時代の高等学校教育の在り方ワーキンググループ
（文部科学省）

ここでICT活用においても、必ずしも多様化を促進するばかりではないことに留意が必要です。たとえば探究学習でネット検索の上位記事ばかりコピー&ペーストしてしまったり、生成AIが大量のテキスト情報から抽出した最大公約数的な意見を無批判に鵜呑みにしてしまったりすると、かえって画一化が加速します。地域の過疎化対策においてもオンライン授業をはじめとするICT活用でその地域とは無縁な画一的情報にばかり触れてしまうと、本来手に入るはずの地域の多様な人々との協働機会を失いかねません。探究活動や総合的な探究の時間を有効活用し、地域の資源である多様な人々との交流機会を積極的に生徒の成長に結び付けている学校こそ手本にして広げていってもらいたいと思います。

最後に、成年年齢が18歳に引下げられた2022年以降の高校教育の質的転換に言及させてください。生徒の多様な進路や教育ニーズに応えることは変わらず大切ですが、これまで未成年の児童生徒に対して提供してきたものとは一線を画し、高校在学中に成年に達することに向き合う必要があります。生徒自らの主体的な選択を、同じ一人の大人の選択として受け止めて尊重できるか、教員だけでなく社会全体の覚悟が問われています。

（京都大学　塩瀬隆之）

教科「情報」の大学入試の動向

Check
□教科「情報」はなぜ大学入試で出題されるようになったのか？
□「情報Ⅰ」はどのような形で出題されるのか？

☑教科「情報」はなぜ大学入試で出題されるようになったのか？

大学入試を含む高大接続の話は、現行の学習指導要領より先に中央教育審議会で議論されており、これを受けて2015年に「高大接続改革実行プラン」が発表され、学習指導要領の議論と並行して「高大接続システム改革会議」で具体的な方策が検討されてきました。この会議は、2016年に最終報告を公表しており、情報科については、「次期学習指導要領における教科『情報』に関する中央教育審議会の検討と連動しながら、適切な出題科目を設定し、情報と情報技術を問題の発見と解決に活用する諸能力を評価する」と記載されています。

これ以降の流れを時系列で記すと次のようになります。

中央教育審議会初等中等教育分科会教員養成部会教科に関する専門的事項に関する検討委員会技術・情報ワーキンググループ（第1回）（文部科学省，2023年5月16日）

2018	・高等学校学習指導要領告示（情報科の学習指導要領含む）
2021	・文部科学省が大学入学共通テストで「情報」を出題教科に決定 ・大学入試センターが大学入学共通テスト「情報」サンプル問題を公開
2022	・国立大学協会が「情報Ⅰ」を入れた6教科8科目の原則を基本方針として示す ・新学習指導要領による高等学校の授業開始 ・大学入試センターが大学入学共通テスト「情報Ⅰ」試作問題を公開
2023	・国立大学等が、大学入学共通テスト「情報Ⅰ」の配点を公開 ・同時に個別試験の教科・科目等も発表

大学入学共通テストの目的は「大学入学希望者を対象に、高等学校段階における基礎的な学習の達成の程度を判定し、大学教育を受けるために必要な能力を把握すること」です。大学では文理を問わず、数理・データサイエンス・AIの学習が進められていることもあって、「情報Ⅰ」が必要な能力として大学入学共通テストの教科・科目に入り、国立大学協会が「情報Ⅰ」を入れた6教科8科目の方針を出したと思われます。なお国立では電気

通信大学、公立では広島市立大学情報科学部などが「情報Ⅰ」を、私立では慶應義塾大学総合政策学部・環境情報学部が「情報Ⅰ」「情報Ⅱ」を、個別試験として実施する予定です。

☑「情報Ⅰ」はどのような形で出題されるのか？

大学入学共通テストの出題形式は、客観式（マーク式）で、コンピュータを使って行われるCBTなどの形式は導入されません。これは、全教科統一です（大学個別で行われる試験では、CBTが導入されるところもあります）。「情報Ⅰ」の試験の内容は学習指導要領に沿って出題されます。高等学校の教科書は、全て文部科学省の検定を通っていますので、知識的な内容としては、これで十分です。教科書に載っていない内容が出題される場合は、それに関する十分な説明があります。ただし、思考力、判断力、表現力等については、教科書を読んだだけでは身に付けることは難しいでしょう。情報科の学習指導要領にも、「問題の発見・解決に向けて情報と情報技術を適切かつ効果的に活用する力を養う」とありますので、問題の発見・解決の過程で、実際にプログラムを作成したり、データを分析したり、情報をデザインしたりする実習を行うことは必要です。

プログラミングについての問題も出題されます。言語は、PythonやJavaScriptのような世の中で実際に使われている言語ではなく、大学入試センターが独自に作成した「共通

令和７年度試験の問題作成の方向性，試作問題等
（独立行政法人　大学入試センター）

テスト用プログラム表記」を使用して実施されます。大学入試センターが発表した試作問題や参考問題の例から一部引用します。上から一つ目の図は論理記号を使ってトイレの空き状況によってランプを制御する問題です。二つ目の図は、共通テスト用プログラム表記を使った問題、三つ目の図はデータ活用の問題です。いずれも、知識として理解しているだけではなく、実際に活用したことがないと解くことは難しいと思います。

（京都精華大学　鹿野利春）

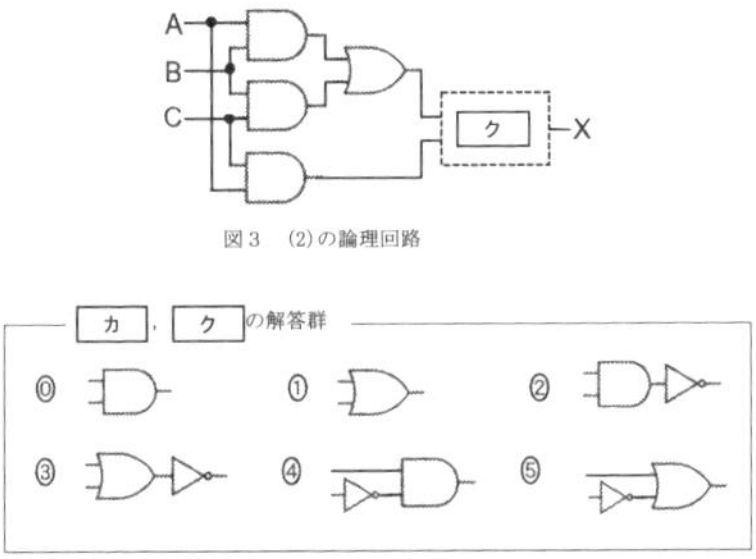

論理記号を使った問題

```
(1) Kouka = [1,5,10,50,100]
(2) kingaku = 46
(3) maisu = 0, nokori = kingaku
(4) i を [ キ ] ながら繰り返す：
(5) │  maisu = [ ク ] + [ ケ ]
(6) └  nokori = [ コ ]
(7) 表示する(maisu)
```

共通テスト用プログラム表記

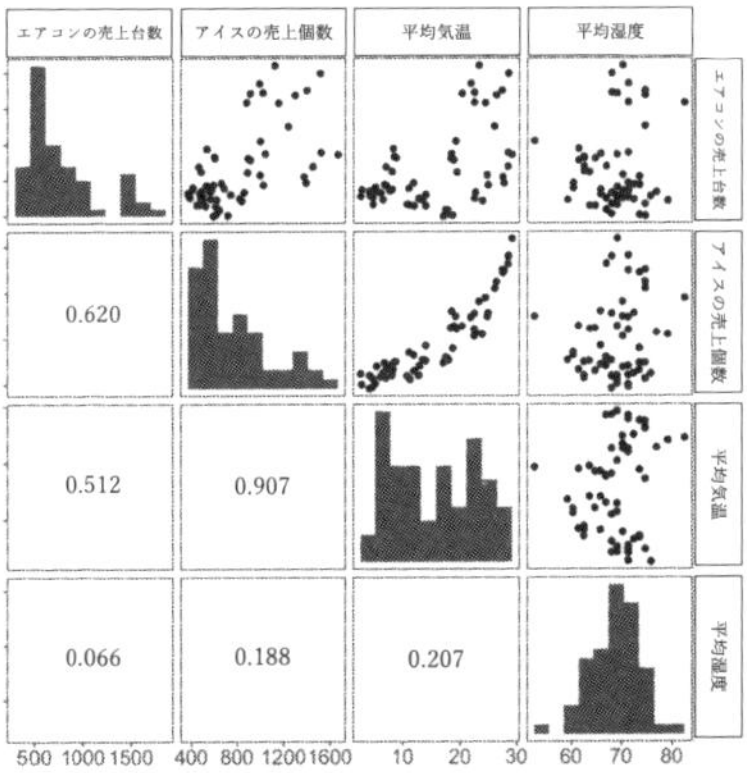

散布図・相関行列

引用：令和７年度試験の試作問題『情報Ⅰ』，試作問題『情報Ⅰ』（参考問題）より

Theme 5 教育課程・学習

アントレプレナーシップ教育（起業家教育）の推進

Check
- □アントレプレナーシップ教育とは？
- □これから求められるアントレプレナーシップ教育の在り方とは？

☑アントレプレナーシップ教育とは？

「アントレプレナーシップ」は、日本語で「起業家精神」にあたる語です。「アントレプレナー」はフランス語で「間を取り持つ者」という意味合いをもち仲買人や貿易商を意味する言葉でしたが、その後、「新しい事業を起こす人」の意味で使われるようになりました。

アントレプレナーシップ教育は、20世紀後半、起業家精神や創業の方法を扱う教育として、アメリカの大学で徐々に行われるようになり、世界に広がりました。インターネットの普及や、環境問題等の社会課題への注目を背景に、利益を追求するだけでなく社会課題の解決に向けた教育として、広がっています。小中学生や高校生に対しても、ビジネスプ

経済産業省委託調査　起業家精神に関する調査　報告書
（みずほリサーチ＆テクノロジーズ株式会社，2022年３月）

ランを立てたり、起業家と交流したり、実際にビジネスを行ったりするプログラムが実施されています。

日本でもアントレプレナーシップ教育は少しずつ広がっており、大学での導入が広がるほか、経済産業省や文部科学省が実践事例集を作成するなどの動きはあります。しかし、世界的に見ると、日本では新しいビジネスをはじめたり経営したりしている人は6.4％、起業した人を知っている人は20・４％と、先進国の中では起業が進んでいない状況が見られ、学校でのアントレプレナーシップ教育の実施や起業についての社会文化的規範が他国と比較してかなり低い状況です（Global Entrepreneurship Monitor 2022 / 2023 Global Report）。

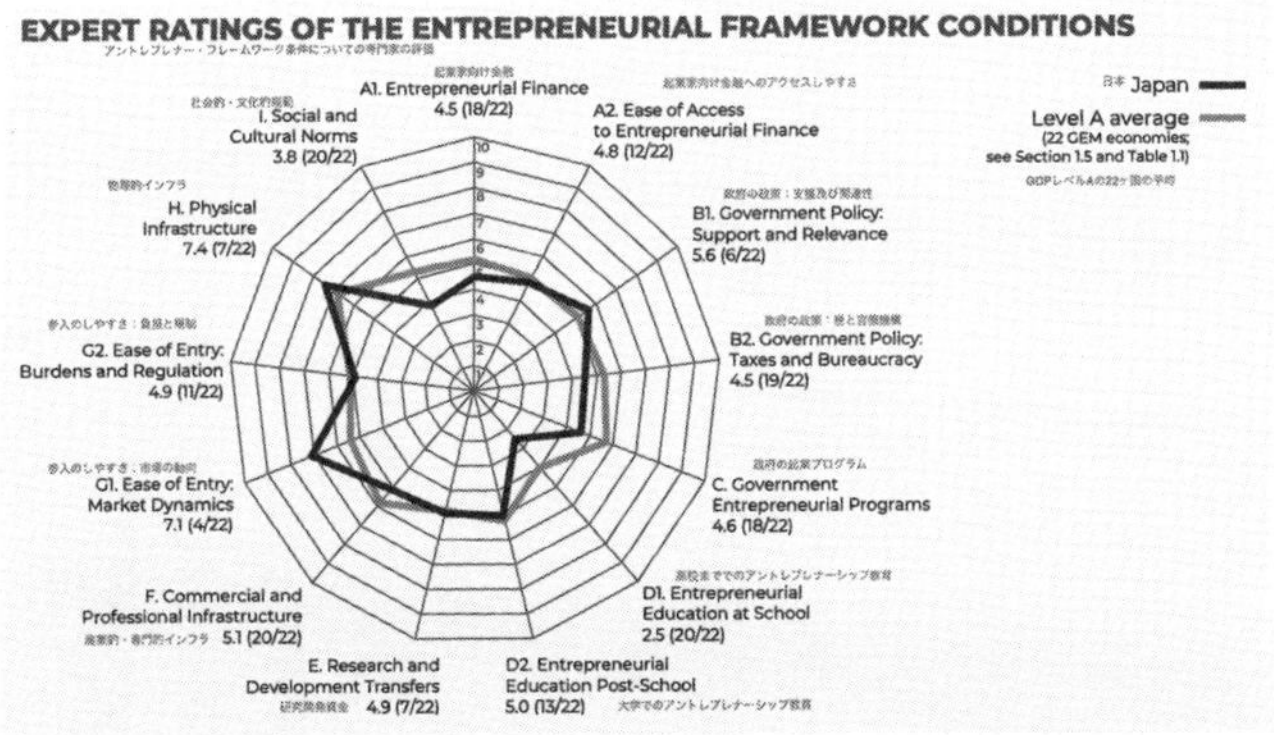

アントレプレナー・フレームワーク条件についての専門家の評価
（GDP レベル A の22ヶ国の平均と日本との比較）
Global Entrepreneurship Monitor 2022 / 2023 Global Report より筆者一部加工

「生きる力」を育む起業家教育のススメ～小学校・中学校・高等学校における実践的な教育の導入例～（経済産業省）

☑ これから求められるアントレプレナーシップ教育の在り方とは？

これからの時代は、ＶＵＣＡ時代と呼ばれます。ＶＵＣＡとは、Volatility（変動性）、Uncertainty（不確実性）、Complexity（複雑性）、Ambiguity（曖昧性）の頭文字を取った言葉です。このような社会を生きていくためには、変化に柔軟に対応し、新しい価値を産み出すことが重要です。アントレプレナーシップ教育は、チャレンジ精神、実行力、創造性、課題発見力、探究心、企画力、交渉力、リーダーシップといったＶＵＣＡ時代に求められる力を育む教育として、これからの時代に求められます。

しかし、日本の小中学校等の教育ではアントレプレナーシップ教育の実績はまだ少なく、学校や地域で取組をはじめようとしても必要なプログラムが得られにくい状況にあります。このため、アントレプレナーシップ教育に使えるプログラムの開発と普及が急務です。プログラムには、基本的な内容を学べる基礎的なプログラムと、実際に社会人と関わりながら実践する本格的な体験プログラムの両方が求められます。以下、私が関わっているプログラムを紹介させていただきます。

1 基礎プログラム「ひな社長の挑戦」

ＮＰＯ法人企業教育研究会が、アクセンチュア株式会社の協力を得て作成したプログラム。主な対象は中学生。「中学生が地域課題を解決するために起業する」という架空の設定のアニメーションに沿って、新規事業の立ち上げ、関係者との交渉、資金調達、会社組織の構築といった課題に取り組む。
https://ace-npo.org/wp/archives/project/hina

2 西千葉子ども起業塾

千葉市や千葉大学などが参加する「ちばアントレプレナーシップ教育コンソーシアム Seedlings of Chiba」が主催する体験型プログラム。対象は小学校4年生から中学校3年生。毎年夏に千葉市で実施している。子どもたちが模擬的に会社を設立し、実際の経営者などから助言を得つつ、地域に関連する企業との間で取引をする業務を行っていく。疑似通貨があり、銀行からの融資や税務署への納税などの仕組みも備わっている。
https://seedlings.jp/release/524

（千葉大学　藤川大祐）

小・中学校等における起業体験活動 実践事例集
（文部科学省，2022年3月）

自己調整学習・自由進度学習の可能性

Check
□自己調整学習・学びの自己調整とは何か?
□これからの学校教育でどのような意味をもつか?

☑自己調整学習・学びの自己調整とは何か?

授業の場で、あるいは宿題を前に、「先生に言われた通りにしよう」と受け身な姿勢になるとき、主体的な学びは実現しません。一方、「なぜこうなるのだろう?」と自ら疑問をもち、問題に取り組む際には、思考や理解は深まり、さらなる疑問がわき出てきます。学びにおいては、子ども自身が学習内容に関与し、主体的に思考し問題解決に取り組むことが必要です。このような考え方を理論的に示しているものが、自己調整学習(Self-Regulated Learning)です。自己調整学習の理論的背景は複数ありますが、もっとも主なものは、学習心理学者ジマーマン(Zimmerman, 1989)によるものです。ジマーマンは、自己調整学習を、「学習者が、メタ認知、動機づけ、行動において、自分自身の学習過程に能動的に関与している状態」とし、学習は、子ども本人が行ってはいるが、それが〝先生から言われてやむなく〟や〝とにかく終わらせることが先決だから、考えずにとにかく答えよう〟といった受動的な姿勢や思考でない主体的で能動的な取組の意義を主張します。

自己調整学習は、予見段階（学習の目標を立てるなどの見通しの段階）、遂行段階（実際に学習を進め、必要に応じてメタ認知を働かせ、モニタリングを行い、注意や思考をコントロールする段階）、省察段階（単元の終わりやテストの結果を踏まえ、自らの学習の習得状況や理解を振り返り、自信を得たり、自己評価を行う段階）の三つの段階から構成され、中核には、学習者自身の三つの自己調整機能があります（下図）。三つの段階は有機的に結び付いており、やりがいのある適切な目標を設定すると、課題に取り組む際にも思考を働かせ、学習方法を試し、時に振り返り、よい学習成果や成績に結び付くなど、好循環が生まれます。反対に、予見段階では適切な目標設定を立てたものの、遂行段階では、困難な課題で別の解き方を考える

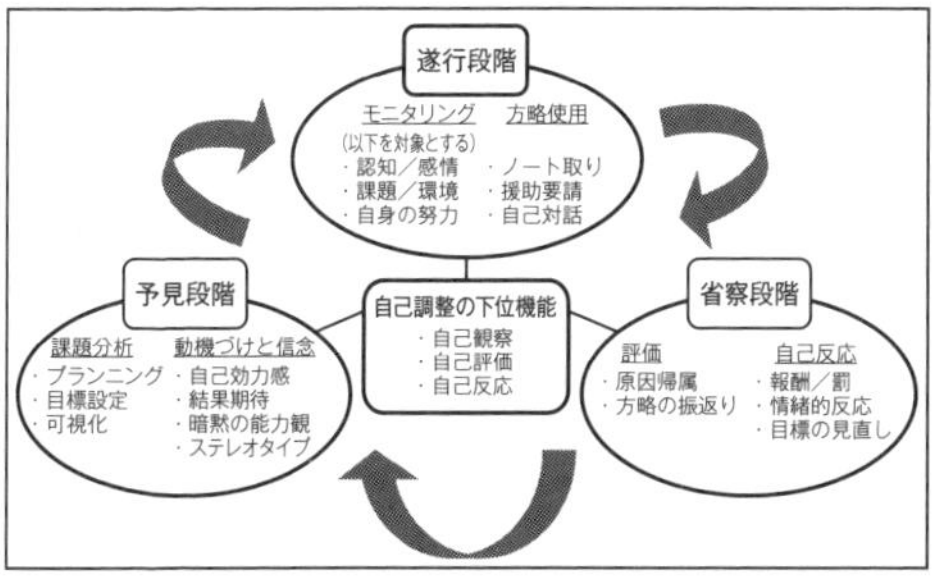

自己調整学習における３段階の過程
(Usher & Schunk, 2018)

「令和の日本型学校教育」の構築を目指して～全ての子供たちの可能性を引き出す，個別最適な学びと，協働的な学びの実現～（答申）（中教審第228号）
（中央教育審議会，2021年１月26日）

など柔軟な方略をとることができず、省察段階でも低い自己評価となるなど、悪循環となる場合もあります。その場合は学習の各段階の特徴に応じて、学習者の自己調整を支援し促す働きかけが必要です。

☑ これからの学校教育でどのような意味をもつか？

２０２１年の中教審『「令和の日本型学校教育」の構築を目指して（答申）』の中で、自己調整学習は重要な位置を有しています。総論解説のなかで、「子供が自己調整しながら学習を進めていく」ことがあげられ、学習方法の柔軟性（例　ある公式を用いた特定の解き方だけでなく、面積を使った解き方も許容する）や目標の多様性（例　子どもの興味・関心を尊重し、キャリア形成の方向性も考慮した学習）の中で、子どもが学びの方法や目標を自ら掘り下げ、試行錯誤していくことを教育課程に位置付けていきます。「学びの自己調整」を進めるためには、これまでの学習環境や学力観を見直し、自己調整を支援する環境を整える必要があります。教室の学習環境をより子どもの興味・関心を考慮した柔軟なものとし、たとえば短時間でも対話的な学びの場や子どもの成果発表の場を設定し、子ども自身の意見や主張が学びに貢献しているという学びの価値を実感できる機会を設定するなどが有用です。さらには、教科の知識が実際の生活場面でどのように用いられているかといったオーセンティックな学びでは、子どもの思考が刺激され、動機づけやメタ認知といった自己調整が高まるでしょう。

「自由進度学習」は、子どもの自己調整学習を支える指導方法となりえます。教師主導でなく、子どもの個性や考えを尊重し、学びの方法やペースを柔軟に設定した学習方法は、一人一人の強みや認知特性を考慮でき、子ども自身も自分のスタイルやペースで主体的に学びに取り組む素地となりえます。GIGAスクール構想などICTの導入により、個に応じた学び・指導が可能になりました。実際の授業で、単元内自由進度学習などを取り入れる際にも、学習のめあてや目標、構成を可視化する学習計画表の作成や、デジタルツールなどの学習リテラシーの徹底、そして子どもの関心を引き出す課題設定や協働の機会といった諸観点が欠かせません。学びの自己調整のためには、従来の教師主導型から、一人一人の子ども主体の学びを支援するという授業観の変革が必要です。

（名古屋大学　中谷素之）

参考文献

・Schunk, D. & Green, J. 2018. Handbook of Self-Regulation of Learning and Performance 2nd edition. Routlege.
・自己調整学習研究会編『自己調整学習　理論と実践の新たな展開へ』北大路書房、2012

SEL教育の推進

Check
□SELとは？
□SEL教育を推進するためには？

SELとは？

SELとは、Social and Emotional Learning の略称で、日本では「社会性と情動の学習」「ソーシャル・エモーショナル・ラーニング」などと呼ばれています。SELは「全ての子どもや大人が、健康なアイデンティティを発達させること、情動（感情）をコントロールして個人や集団の目標を達成すること、他者への思いやりをもちそれを表すこと、支持的な関係をつくりそれを維持すること、そして責任と思いやりのある決定ができるように、知識とスキルと態度を身に付けて使えるようになる過程」（CASEL, n.d.）と定義されています。SELで育成を図る五つの中心的な能力として、自己への気づき、他者への気づき、自己のコントロール、対人関係、責任ある意思決定が挙げられています（左表）。

Advancing Social and Emotional Learning - CASEL

これら五つの能力は互いに関連しており、この中のいくつかの能力の育成が目標となっていれば、SELプログラムとして位置付けられます。このように、SELは特定のプログラムを指すものではなく、多くのプログラムの総称です。日本の教育現場で実施されているソーシャル・スキル・トレーニングやストレスマネジメント教育などもSELの一つとして捉えられています（小泉、2015）。

✔ SEL教育を推進するためには？

OECD（2015）の報告書では、これからの予測不可能な社会に適応するためには、これまで重視されてきた思考力などの認知的スキルに加えて、社会情動的スキルをバランスよく育成することが重要であると述べられ

能力	説明
自己への気づき（Self-awareness）	自分の感情（情動），思考，価値観と，それらが状況全般における行動にどのように影響を及ぼすかを理解する能力。これには，十分な根拠のある自信と目標のもと，自分の長所と限界を認識する能力を含む。
他者への気づき（Social awareness）	多様な背景や文化や文脈を持つ者を含めて，他者の視点を理解し，共感する能力。これには，他者への思いやりをもち，様々な状況での行動に関するより広範な歴史的および社会的規範を理解し，家族，学校，および地域コミュニティのリソースとサポートを認識する能力を含む。
自己のコントロール（Self-management）	様々な状況で自分の感情（情動），思考，行動を効果的に調整する能力。これには，個人および集団の目標達成のための，満足遅延，ストレス管理，そしてモチベーションとエージェンシーを感じる力を含む。
対人関係（Relationship skills）	健全で協力的な関係を確立および維持し，多様な個人やグループとの設定を効果的に導く能力。これには，明確にコミュニケーションを行い，積極的に耳を傾け，協力し，問題解決と建設的な紛争の交渉のために協力して作業し，異なる社会的および文化的な要求と機会を伴った状況をナビゲートし，リーダーシップを発揮し，必要に応じて助けを求めたり提供したりする能力を含む。
責任ある意思決定（Responsible decision-making）	様々な状況での個人的行動や社会的相互作用について，思いやりのある建設的な選択をする能力。これには，倫理基準と安全上の懸念を考慮し，個人的，社会的，および集団のウェルビーイングのための様々な行動による利益と結果を評価する能力を含む。

SELで育成を図る５つの能力の説明（小泉［2022］より抜粋）

生徒指導提要（改訂版）（文部科学省，2022年12月）

ており、そのためのアプローチとしてＳＥＬによる介入が取り上げられています。日本の教育現場ではいじめや不登校といった学校不適応が恒常的な生徒指導上の課題となっていますが、２０２２年12月に改訂された「生徒指導提要（改訂版）」では、こうした課題に対する社会性の発達を支援するプログラムとしてＳＥＬが紹介されました。子どもを取り巻く環境が変化している現代社会においては、学校教育の中で子どもの社会性を意図的・計画的に育成することが求められています。ＳＥＬへの関心は、今後ますます高まっていくことが予想されます。

一方で、課題になるのが教育課程への位置付けです。ＳＥＬは単発の活動を行ってもあまり実施効果が期待できません。安定した効果を示すためには、年間７回程度以上の実施が必要ともいわれています。現在、ＳＥＬは、特別活動（学級活動・ホームルーム活動）や総合的な学習（探究）の時間などの教科で実施したり、朝の会や帰りの会など教育課程外の時間を活用したりして時間を捻出しています。ＳＥＬの実施時間の確保を望む声は多いですが、カリキュラムのオーバーロードが起きている中での実現は容易ではありません。ＳＥＬをどのように教育課程に位置付けるかについては、引き続き検討が必要です。

また、教員の専門性向上も重要です。ＳＥＬの実施に当たっては、実施する教師の影響を大きく受けることがわかっています（たとえばDurlak et al., 2011）。そのため、教師には豊かな人間性をベースにした確かな教育実践力とSELなどの心理教育に関する実践的な指導力を高めていくことと同時に、学校でSELを推進する役割は、学校のニーズに合ったSELを導入・展開できる専門性を有した教員が担当することが理想です（西山、2022）。今後は、こうした役割を担う教育相談コーディネーター、生徒指導・教育相談担当者、主幹教諭などに対して、SELに関わる専門性向上のための研修機会を構築していくことが望まれます。

（福岡教育大学　山田洋平）

引用文献

・Durlak, J.A., Weissberg, R.P., Dymnicki, A.B., Taylor, R.D., & Schellinger, K.B. (2011) The Impact of Enhancing Student's Social and Emotional Learning: A Meta-Analysis of School-Based Universal Interventions. Child Development. 82, pp. 405-432
・小泉令三「一次的援助サービスとしての社会性と情動の学習（ソーシャル・エモーショナル・ラーニング）」『日本学校心理士会年報』第7号、2015、pp. 25-35
・小泉令三「SELで用いられているアプローチ」渡辺弥生・小泉令三編著『ソーシャル・エモーショナル・ラーニング（SEL）―非認知能力を育てる教育フレームワーク―』福村出版、2022
・西山久子「リーダーシップを担う役割」渡辺弥生・小泉令三編著『ソーシャル・エモーショナル・ラーニング（SEL）―非認知能力を育てる教育フレームワーク―』福村出版、2022
・OECD編著　Skills for Social Progress: The Power of Social and Emotional Skills.2015

「学校事故対応に関する指針」の見直し

Check
- □「学校事故対応に関する指針」とは？
- □「学校事故対応に関する指針」の課題と見直しの方向性とは？

☑「学校事故対応に関する指針」とは？

学校の管理下において、学校の施設・設備にからむ死亡事故や自然災害による死亡事故、不審者による児童への切りつけ事件など、全国の学校現場において重大事件・事故災害が発生した際には、学校及び学校の設置者は迅速かつ適切な対応を行うことが必要とされています。具体的には発生原因の究明やこれまでの安全対策の検証はもとより、児童生徒に対する心のケアや保護者への十分な説明など各種の対応が行われていましたが、それらの対応が十分でないと懸念される事例も報告されていました。そこで２００５年度〜２０１３年度に日本スポーツ振興センターが死亡見舞金及び障害見舞金（第７級以上の障害）の災害共済給付を行った学校の管理下で発生した事件・事故災害８３２件について、２０１４

学校事故対応に関する指針（文部科学省）

年10月に実態調査が行われ、この調査結果に関する検討を経て、２０１６年３月に「学校事故対応に関する指針」（以下、「事故対応指針」と表記）が公表されました。

　この事故対応指針では、「１　事故発生の未然防止のための取組」「２　事故発生後の取組」「３　調査の実施」「４　再発防止策の策定・実施」「５　被害児童生徒等の保護者への支援」から構成され、学校、学校の設置者、地方公共団体が、それぞれの実情に応じて、事故対応の在り方に係る危機管理マニュアルの見直し・充実、事故対応に当たっての体制整備等、事故発生の防止及び事故後の適切な対応に関する共通理解と体制整備を図ることを目的として作成されました。

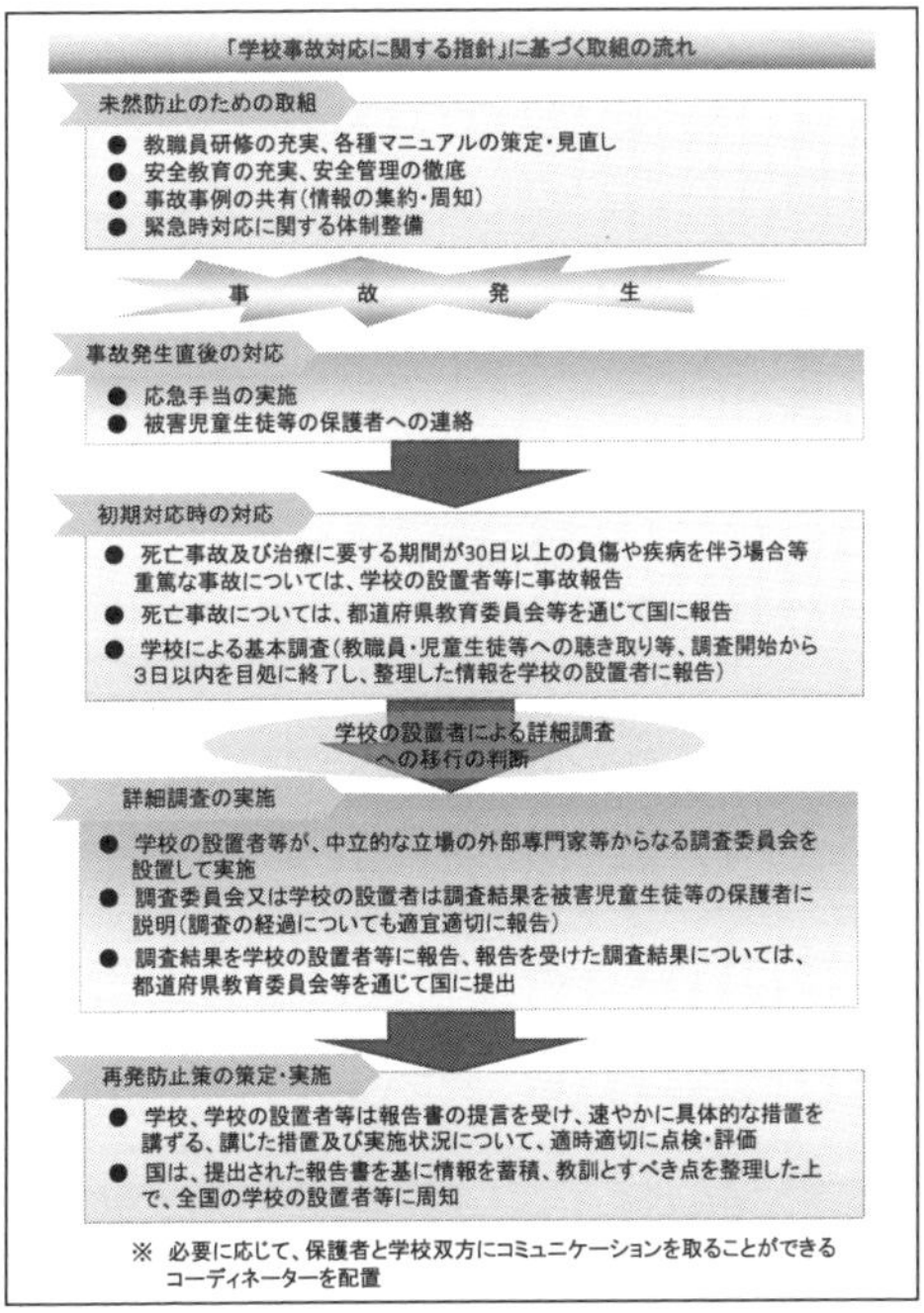

「学校事故対応に関する指針」に基づく取組の流れ
未然防止のための取組
● 教職員研修の充実、各種マニュアルの策定・見直し
● 安全教育の充実、安全管理の徹底
● 事故事例の共有（情報の集約・周知）
● 緊急時対応に関する体制整備
事　故　発　生
事故発生直後の対応
● 応急手当の実施
● 被害児童生徒等の保護者への連絡
初期対応時の対応
● 死亡事故及び治療に要する期間が30日以上の負傷や疾病を伴う場合等重篤な事故については、学校の設置者等に事故報告
● 死亡事故については、都道府県教育委員会等を通じて国に報告
● 学校による基本調査（教職員・児童生徒等への聴き取り等、調査開始から3日以内を目処に終了し、整理した情報を学校の設置者に報告）
学校の設置者による詳細調査への移行の判断
詳細調査の実施
● 学校の設置者等が、中立的な立場の外部専門家等からなる調査委員会を設置して実施
● 調査委員会又は学校の設置者は調査結果を被害児童生徒等の保護者に説明（調査の経過についても適宜適切に報告）
● 調査結果を学校の設置者等に報告、報告を受けた調査結果については、都道府県教育委員会等を通じて国に提出
再発防止策の策定・実施
● 学校、学校の設置者等は報告書の提言を受け、速やかに具体的な措置を講ずる、講じた措置及び実施状況について、適時適切に点検・評価
● 国は、提出された報告書を基に情報を蓄積、教訓とすべき点を整理した上で、全国の学校の設置者等に周知
※ 必要に応じて、保護者と学校双方にコミュニケーションを取ることができるコーディネーターを配置

学校事故対応に関する指針
出典：「学校事故対応に関する指針」（文部科学省）p.6

第３次学校安全の推進に関する計画
（文部科学省，2022年３月25日）

☑「学校事故対応に関する指針」の課題と見直しの方向性とは？

「学校事故対応に関する指針」では、学校の管理下で児童生徒等の死亡する事故及び治療に要する期間が30日以上の負傷や疾病を伴う場合等重篤な事故が起こった場合には、学校の設置者等に速やかに報告を行うと共に、このような事案が発生した後に学校が主体となって行う調査（基本調査）や必要な場合に学校の設置者が外部専門家の参画を得て行う詳細な調査（詳細調査）に関することを含め、再発防止や発生後の対応に関する指針が示されました。しかしながら、事故等の発生後の被害者及びその家族への配慮した支援が十分に取られていないと考えられる事案や、児童生徒の死亡事故に関する国への報告がなされていない事案も見られることなど、事故対応指針の作成当初に想定していた取組が進んでいない状況が存在していることも明らかとなりました。そのため、２０２２年3月に閣議決定された「第3次学校安全の推進に関する計画」において、国は、事故対応指針に沿った児童生徒の死亡事故等の発生に関する国への報告について、引き続き徹底を求めるとともに、学校管理下において発生した事故等の検証や再発防止に関する実効性を高めるため、事故対応指針の内容の改訂その他の必要な措置について、早期に検討を開始することが明記されました。

その後、「第3次学校安全の推進に関する計画」の進捗管理等を目的として、文部科学省に「学校安全の推進に関する有識者会議」が設置され、さらに2023年6月にこの有識者会議の下に、「学校事故対応に関する指針の見直しワーキンググループ」が新たに設置されました。このワーキンググループでは、①詳細調査に移行する判断基準及び詳細調査の在り方について、②国への死亡事故報告の在り方について、③被害児童生徒等やその家族へ配慮した支援について、④指針の運用に関する周知徹底について、⑤事故の再発防止についての5点に関して、事故対応指針に示されている内容を見直すための検討を行い、その結果を年度末までに有識者会議へ報告することとされています。

そこで、都道府県・政令指定都市・市町村の教育委員会並びに都道府県私学担当課、計1814カ所に対して「学校事故対応に関する指針運用の実態に関する調査」が実施され、現在、ワーキンググループで調査結果の分析作業が進められているところです。「学校安全の推進に関する有識者会議」では、このワーキンググループの報告を受けて、学校の設置者が実施する「詳細調査」の具体的な方法や国への死亡事故報告の判断基準等を含めた検討が行われ、2023年度末には見直しが行われた「学校事故対応に関する指針」が改めて国から発表される予定です。

（大阪教育大学　藤田大輔）

部活動の地域移行に向けた整備と課題

Check
□「部活動の地域移行」の背景は?
□「部活動の地域移行」に向けた課題は?

☑「部活動の地域移行」の背景は?

2022年6月6日に「運動部活動の地域移行に関する検討会議提言」がとりまとめられました。その提言の表紙に、「少子化の中、将来にわたり我が国の子供たちがスポーツに継続して親しむことができる機会の確保に向けて」と副題が書かれています。また同年8月9日に「文化部の地域移行に関する検討会議提言」もまとめられ、こちらの副題は、スポーツの部分が「文化芸術」として示されています。

今回、このような提言がまとめられた背景には、「生徒数の減少」「教員の大きな業務負担」「連携・協働が不十分」の三つが共通して挙げられています。

この三つのうち、「生徒数の減少」と「教員の大きな業務負担」が、現状発生している

運動部活動の地域移行に関する検討会議提言について
（スポーツ庁地域スポーツ課，2022年６月６日）

背景です。また、もう一つの「連携・協働が不十分」という背景は、副題にある〝継続して親しむことができる機会の確保〟に向けた課題として捉えることができます。

まず「生徒数の減少」についてです。少子化は、加速的に進んでおり、平成30年間で公立中学校の生徒数は５３８万人から３０６万人と２００万人以上減少しました。また学校数も千校以上が統廃合となり１割以上減少しました。このような生徒数の減少を踏まえ学校は今後「小さくなる」ことが想定され部活動の継続は困難と考えられています。

また、教員の勤務時間も平成18年から28年の10年間で、中学校では平日32分、休日１時間49分、合わせて２時間21分増加しています。このうちの１時間10分が部活動に割く時間となっています。特に休日は、１時間３分の勤務時間増加となっていることから、教員の勤務実態からも、持続可能とは言い難い状況にあります。

このように、生徒が減り、教員の仕事が増える中で、変わらないのは各学校の部活動の数です。運動部活動については、２０２１年に１校あたり11の部活動が設置されており、この数は２００７年から横ばいとなっています。ですが、その運動部活動に参加する生徒は19人から16人と減少していることや、所属する生徒の割合も65％から58％へと減少し、中学校の在籍する生徒の４割以上が運動部活動に参加しないことがわかっています。すな

部活動改革ポータルサイト～学校部活動の地域連携・地域クラブ活動への移行（地域移行）に向けて～（スポーツ庁）

わち、現在の部活動は、生徒が参加したいとは言い難い状況にあります。

減少している生徒に選ばれない部活動を継続することや、教員の勤務を厳しい状況に追いやることは、持続可能な教育ではありません。このように、「部活動の地域移行」の背景とは「持続可能な部活動」をどのように考えるのかということでもあるのです。

☑「部活動の地域移行」に向けた課題は？

先にあげた背景の三つ目にある「連携・協働の不十分」という点は、背景の一部であると同時に、これからの課題にもなります。まず、この課題は、「何と何が」連携し協働することが不十分なのかという点を整理しておく必要があります。

ここからは、具体的に運動部活動を例に考えてみたいと思います。

たとえば総合型地域スポーツクラブは、全国の80％を超える市町村に設置されており、その活動拠点は、学校施設や公共施設などが挙げられます。この場合、スポーツ団体とスポーツ施設、総合型地域スポーツクラブと学校の連携や協働が必要となることがわかります。ですので、課題は、「何と何が」連携し協働するのかを具体的にすることです。

さらに、この課題の解決に向けては次頁の図（改革の方向性）にあるとおり、「複数の道筋」や「多様な方法」があり、どの地域にも当てはまる効果的で適切な唯一の解決策は存在せず、創意工夫を凝らしながら、地道に改善策を模索しなければならないという点が最大の難問です。

そこで図（課題への対応）に示された七つの各項目は、「何と何が」連携し協働するかという対象であることをヒントに模索することが重要になります。

最後に、この課題は先の背景から、教員の働き方改革として捉えられがちですが、生徒のスポーツに親しむ機会を持続的に確保することが、第一にあることを忘れてはなりません。

（東海大学　内田匡輔）

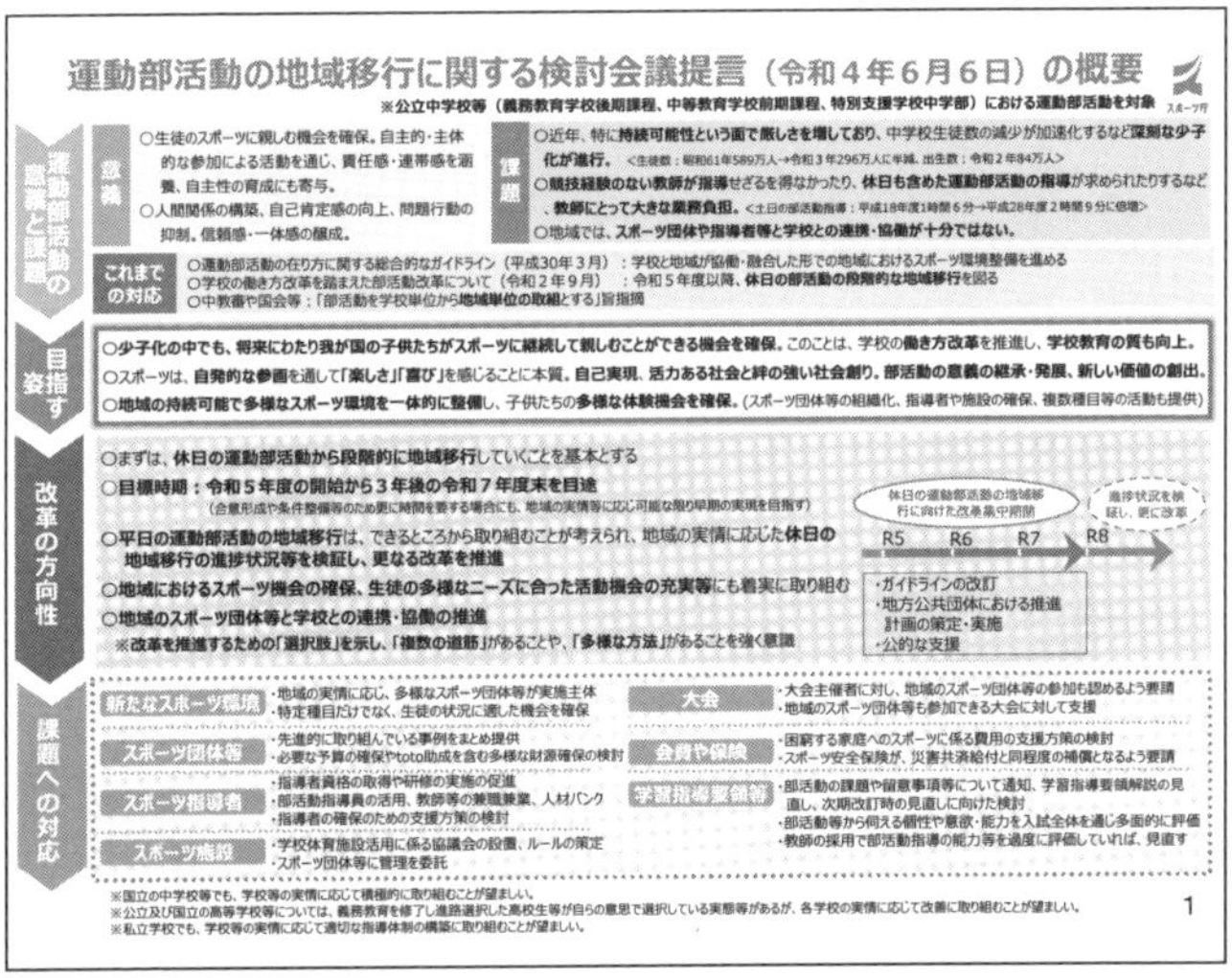

出典：「運動部活動の地域移行に関する検討会議提言（概要）」（スポーツ庁）
（https://www.mext.go.jp/sports/content/20220722-spt_oripara-000023182_1.pdf）

多様な専門性を有する教師の養成と教職課程の見直し

Check
□いま求められる教師の専門性と、それを高める上での課題とは?
□どうすれば「多様」な教師集団をつくれるのか?

☑いま求められる教師の専門性と、それを高める上での課題とは?

2022年12月、中央教育審議会は答申「『令和の日本型学校教育』を担う教師の養成・採用・研修等の在り方について」を発表しました。そこでは、個別最適な学びと協働的な学び、主体的・対話的で深い学びの実現のために「授業改善」が必要だと論じられています。

振り返ればこの約10年、授業改善が求められ続けてきました。「アクティブ・ラーニング」という言葉が2014年の中央教育審議会の答申に登場して以降、大学だけでなく初等中等教育段階においても学習方法の見直しが叫ばれるようになり、ICT活用の議論と相まって授業改善を推進する動きが活発化しました。

「令和の日本型学校教育」を担う教師の養成・採用・研修等の在り方について～「新たな教師の学びの姿」の実現と，多様な専門性を有する質の高い教職員集団の形成～（答申）（中教審第240号）（文部科学省，2022年12月19日）

一方で、求められてきたのは個別の授業改善だけではありません。教科の垣根を超えた「カリキュラム・マネジメント」や学校外の諸機関等と連携する「チーム学校」の重要性も唱えられ、それらのスキルを教員養成段階で養うための教職課程の質の保証・向上、及び研修等を通して「学び続ける教員」を支えるキャリアシステム構築の重要性が論じられました。こうして、教職課程や教員研修の充実が図られました。

しかし、教師に求められる資質能力は「足し算」のように増えていく一方で、「引き算」が行われないこと、そして教師の学びを阻む社会課題が解消されないことが問題になっています。たとえば、教師の年齢構成には依然として全国的にアンバランスが生じており、ベテラン教師が不足する中で、より若い段階から中堅やベテランの仕事を担わなければなら

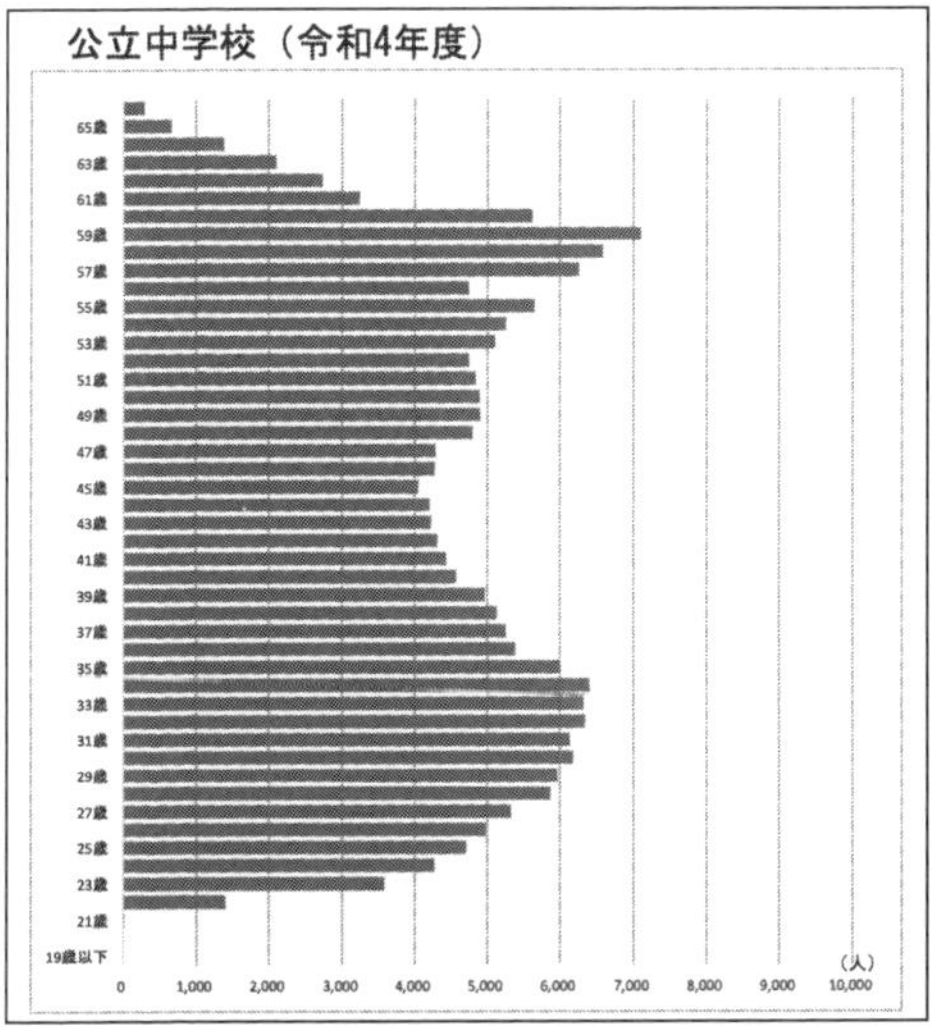

公立学校における教員の年齢構成
出典：「令和４年度学校教員統計（中間報告）」（文部科学省）

Theme 7 教師

令和４年度学校教員統計（中間報告）
（文部科学省，2023年７月28日）

ないケースが増えています。そこに教員志望の学生の減少、教員採用倍率の低下が追い打ちをかけています。

こうした状況を受けて、実際に多くの教師が「学び続ける」ことの重要性を実感していますが、ここで念頭に置かれる学びは、よりよい教育を実現するためのものというより、目の前の授業や仕事を乗り切るための支援となるものであることも少なくなく、近年掲げられている理念と教師が見ている現実の間に乖離が生じているといえます。

☑どうすれば「多様」な教師集団をつくれるのか？

２０２２年12月の答申において、「令和の日本型学校教育」を実現するための柱の一つとして「多様な専門性を有する質の高い教職員集団」づくりが掲げられました。そして、そのような教師集団をつくるために採用の在り方を見直し、「学校外で勤務してきた者等」、すなわち教師以外のキャリアの人への教員免許の付与を検討する方針が示されました。

確かに、概して教師集団には一定の同質性があります。教師という職業柄、多くの人と接することや、人前で話すことを不得意とする人は多くありません。また、授業は言葉や文字を使って展開されますので、ディスレクシアなどの困難を抱えている人は少なく、学校建築の制約等から、歩行や階段の利用が困難な人も少なくなっています。また、求められる資質能力、すなわち教職課程で網羅すべきとされる内容が増えることで、どの大学でも同じような授業が展開されやすくなっています。したがって現状では「多様な専門性」の養成は容易ではなく、他のキャリア人材の雇用が検討されざるを得ないのでしょう。

しかし、教職課程を通して「多様な専門性」を有する教師を育てられていないのであれば、まずはその教職課程を見直すこと、その次には、教員研修を通して教職課程を補完していくことが重要です。そうでなければ、教職課程の存在意義もが覆されかねません。

たとえば、海外に目を向けてみれば、教師に必要な基礎的な資質能力を共有しながらも、日本の教職課程では十分に育めていない専門性を習得するシステムを構築している国は少なくありません。各国の教職課程が重点を置くスキルは、文化や社会課題に応じて異なります。したがって、教職課程を履修している間に海外の教員養成系大学に留学したり、教員研修の一環として海外の学校等で教えたりする機会を設け、様々な国や地域に学生や教師を派遣することで、普遍的に教師に必要となるスキルを基盤にしつつも、「多様な専門性」を育むことができる可能性があります。異業種から得られることもありますが、同業種のネットワークを広げることも重要なのではないでしょうか。

（都留文科大学　山辺恵理子）

教員採用試験の早期化・複線化

Check
□ なぜ教員採用試験の早期化・複線化が今必要なのか？
□ 教員採用試験の早期化・複線化のメリットと想定される課題は何か？

☑ なぜ教員採用試験の早期化・複線化が今必要なのか？

日本の教育界は、少子化、地域間の教育格差、そして多様で高度な教育ニーズといった、多層的な問題に直面しています。この複雑な環境の中で、質と量の両面で教員を確保することが、次世代の育成において喫緊の課題となっています。特に教員不足は継続的な優先課題として存在し、その影響は学校教育の質にも現れています。そして、現行の教員採用の在り方にはいくつかの問題点があり、それが優秀な教員を採用する障害となっています。

教員採用試験の時期：現行のタイムラインが他の職種と比べて遅い場合、優秀な学生は他の業界へ流れやすく、教員職が第二、第三選択になる可能性が高まります。これまでの教員採用試験の日程は7月に一次試験がはじまる時間軸で20年以上大きく変わっていない

「令和の日本型学校教育」を担う教師の養成・採用・研修等の在り方について〜「新たな教師の学びの姿」の実現と，多様な専門性を有する質の高い教職員集団の形成〜（答申）（中教審第240号）（中央教育審議会，2022年12月19日）

一方、民間企業では学生の採用選考開始日（内々定解禁日）が早期化しており、内々定解禁日である6月1日までに、就職活動を事実上終了している学生が増えています。

長い選考期間：教員採用試験が数ヶ月に渡って行われる場合、それだけ多くの時間とエネルギーを必要とします。これが優秀な人材にとっては、他の選択肢を検討する時間が減ってしまい、最終的に教職を選ばない原因となることもあります。たとえば、２０２３年の東京都の採用日程を見てみると、５月９日に書類の締切があり、７月９日に第一次選考、8月中旬に第二次選考、８月下旬に実技試験があり、選考結果は９月29日に共有されます。優秀な人材を採用することを考えるなら、時間は勝負です。優秀な人材は取り合いであることを認識し、志望者の負担を考慮しながら採用期間を設計しなければなりません。

選考内容の偏り：一般的に、教員採用試験は学科試験、面接、模擬授業などから構成されますが、これらの評価が一元化されている場合があります。その結果、試験に強い候補者は有利になる一方、教育現場での多様なスキルや資質は必ずしも反映されません。現行の採用試験が主に学科知識の試験であれば、コミュニケーション能力や教育への情熱、柔軟な思考力など、教員にとって重要な他の資質が疎かにされがちです。また、これまでの一本道的な採用試験では、多様な人材を採用するのも難しい状況です。

☑ 教員採用試験の早期化・複線化のメリットと想定される課題は何か？

私は教員採用試験の早期化・複線化を図ることで、教員の質や量に関する課題が根本的に解決するとは考えていません。しかし、制度が変わり、その中で改良が行われることで、改善への第一歩となると信じています。

すぐに効果が期待できそうな側面もあります。たとえば、教員採用試験の早期化を図ることで、教員志望者の層が広がることが挙げられます。教員採用試験の難易度が高いため、教員を目指す学生や社会人が民間企業の就職活動との両立が難しいという問題が存在しています。教員採用試験を早期化することで、民間企業への就職活動と併願しやすくなり、その結果、より多くの有能な人材が教員職を志望する可能性が高まると考えられます。

また、教員採用試験を複線化することで、教員免許の取得に必要な科目や試験内容を多様化し、これまで教職を志望しづらかった人材にも門戸が開かれ、教員の多様性が向上することも期待できます。複線化の具体的な施策として、教員資格認定試験の対象を拡大することが挙げられます。教員資格認定試験の対象となっていたのは幼稚園二種免許、小学校二種免許、特別支援学校自立活動一種免許のみでしたが、この対象免許種別をたとえば中高の英語や情報、その他の科目に広げることで、民間企業などの経験者をより積極的に採用できるようになるかもしれません。

人物重視の多面的な採用選考施策として、教員採用選考で各都道府県が実施している教師養成塾などの学習成果や教育実習の学習成果を活用することや、民間企業の採用選考で活用されている適性検査を運用する案も出ています。さらに、教員免許状を保有しているが現在教職についていない方へのアプローチとして、民間企業などの勤務経験者に対する面接を中心とした特別選考を通年行うようにすることも効果があるでしょう。

ただし、想定される課題もあります。教員採用試験の早期化・複線化は、教員志望者にとってはメリットですが、教員採用試験の実施体制や教員養成課程のカリキュラムの見直しが必要になるでしょう。さらに、こういった施策は全国一斉実施をしないと問題も起きます。たとえば、採用試験の早期化を一部の自治体のみが行うと、志望者は他の自治体と重複合格する可能性があり、一定の自治体から内定辞退者が多く発生する懸念があります。

何よりも冒頭で述べているように、教員採用試験の早期化・複線化だけでは抜本的な解決にならないことを認識し、働き方改革や給与制度（給特法）の見直しなどの施策とセットで考え、教職そのものの魅力化に取り組んでいく必要があることは忘れてはいけません。

（Crimson Education Japan 代表取締役社長　松田悠介）

特別免許状・特別非常勤制度の運用と研修支援

Check
□特別免許状と特別非常勤制度の活用件数に差がある原因は？
□外部人材の研修支援のインパクトとは？

☑特別免許状と特別非常勤制度の活用件数に差がある原因は？

特別免許状制度は、教員免許を持っていないが優れた知識や経験を有する社会人を教員として採用することで、学校教育の多様化や活性化を促進する仕組みです。この制度は、教員免許の授与権者である都道府県教育委員会による教育職員検定を通過することで、学校種や教科ごとに「教諭」の免許状を取得できます。特別免許状は、小学校、中学校、高等学校の全教科、そして特別支援学校の全ての自立教科及び自立活動に関しても授与されています。一部の自治体では、高度な理系人材、英語のネイティブ教員、海外経験の長い社会人、ＩＣＴの専門家、スポーツで優れた実績をもつアスリートなどに特別免許状を授与しています。

教育未来創造会議（内閣官房ホームページ）

２０２２年の「教育未来創造会議」での第一次提言では、理数教育や情報教育の充実を目的として、博士課程修了者やＩＴ人材などの高い資質と能力をもつ者への特別免許状授与や教員採用が推奨されています。近年、この制度は学校現場に優秀な人材を導入する手段として注目を集めています。また、これまで特別免許状制度は高度な人材の活用や教職員の多様性確保に焦点を当てていましたが、近年は深刻な教員不足の解消策としても議論が進んでおり、その注目度は高まっています。

しかし、制度の実施状況はまだ完全ではありません。令和２年に実施された文部科学省の調査によれば、これまでに１９４２件の特別免許状が授与されていますが、令和２年度だけで見ると授与件数は２３７件にとどまり、全体の免許授与件数19万６３５８件と比較すると非常に少ないです。さらに、特定の学校種（高等学校）や特定の教科（外国語や看護）に集中しており、特に私立学校教員への授与が多く、公立学校教員への授与は進んでいないとの指摘もあります。授与が進まない一因として、運用面の課題があります。特別免許状は普通免許状と同等の効力を有するため、申請者の知識や経験に対して、教職課程を経て得られる普通免許状の要件と同等であるべきだと過度に重視される傾向があります。その結果、指導計画や指導案、教材作成、指導技術などに関する知識や経験が不足してい

令和２年度教員免許状授与件数等調査結果について
（文部科学省）

ると、審査に通らず、授与が妨げられるケースが多いと指摘されています。今後、運用を促進するために、特別免許状は普通免許状を持つ者とは異なる専門性や経験を評価し、授与する制度であるという本来の趣旨を再確認する必要があります。

さらに、特別免許状の運用が進まないもう一つの要因として、同じような目的で活用が進む特別非常勤講師制度の存在も挙げられます。特別非常勤講師制度は、学校教育の多様化と活性化を目指し、教員免許を持たない地域の人材や多様な専門分野の社会人を、一部の教科や活動を担当する非常勤講師として学校に迎え入れるための制度です。この制度では、小学校、中学校、高等学校、及び特別支援学校の各教科、道徳、総合的な学習の時間、さらには小学校と特別支援学校のクラブ活動も担当できます。特別非常勤講師制度は毎年約2万件の活用事例があり、特別免許状の授与件数と比較すると大きな差があります。自治体から見れば、普通免許状と同等の効力をもつ特別免許状を授与するよりも、リスクが低く運用が容易な特別非常勤制度を優先して採用する傾向があると考えられます。

☑ 外部人材の研修支援のインパクトとは？

前述の通り、特別免許状の授与が進まない一因として、教職課程を経ていないことから、学校現場で必要な知識やスキルが不足しているという懸念があります。特別免許状を授与

「令和の日本型学校教育」を担う新たな教師の学びの姿の実現に向けて（審議まとめ）（文部科学省，2021年11月15日）

された教員も、自分の専門性を活かしながら多様な教職業務を担うことになるわけですから、教師に共通する資質を身に付けることが重要です。この点に鑑みて、各任命権者は採用前後に基本的な教職教養、最新の教育事情、児童・生徒への理解、指導方法などに関する研修を実施すべきであるとされています。また、自治体間で研修支援の格差が出ないよう、文部科学省もこのような研修を支援するべきだとの指摘もあります。

文部科学省は「『令和の日本型学校教育』を担う新たな教師の学びの姿」を実現するため、教職生涯を通じて探究心をもち、主体的に学び続けること、各教師の個性に応じた最適な学びの提供、及び教師同士の協働を促す校内研修などの機会を確保することが重要であるとしています。その手段として、教員研修高度化推進支援事業により、オンデマンド研修コンテンツの充実や教員研修の質向上に資するモデル開発が進められています。このプラットフォームは特別免許状を授与された教員を特定の対象としているわけではなく、一般の教員が対象です。それでも、将来的には特別免許状を持つ教員もこのプラットフォームを利用できるようになることが期待されています。新しい研修プラットフォームが整備されれば、特別免許状を持つ教員に対する研修支援が強化され、特別免許状の授与件数が増加する可能性が高まるでしょう。

（Crimson Education Japan 代表取締役社長　松田悠介）

新たな教員研修の在り方と対話に基づく受講奨励

Check
□教育公務員特例法の改正点と新たな教員研修の仕組みとは？
□「対話に基づく受講奨励」は、どのように進めていけばよいのか？

☑ 教育公務員特例法の改正点と新たな教員研修の仕組みとは？

２０２２年５月に、教育公務員特例法及び教育職員免許法の一部を改正する法律が公布され、教員の研修は以下の二点について大きく変わることになりました。第一点は、国公私立学校の教員に課せられていた普通免許状及び特別免許状の更新制に関する規定が削除【免許法第９条～第９条の４等】され、教員免許更新制が発展的に解消されたことです。この改正は同年７月１日から施行されました。第二点は、教員免許更新制の発展的解消を受け、教育公務員特例法の一部が改正され、主に、任命権者である都道府県教育委員会等に、校長及び教員の研修等に関する記録を作成させること【教特法第22条の５第１項及び第２項】、そして、指導助言者（任命権者あるいは市区町村教育委員会及び校長等）は、校長及び教員に改正教育公務員特例法に基づく公立の小学校等の校長及び教員としての資質の向上に関する指標の策定に関する指針の改正等について（通知）（文部科学省，2022年８月31日）

対し資質の向上に関する指導助言等を行うこと【教特法第22条の6第1項及び第2項】が求められることになりました。この改正は２０２３年4月1日から施行されました。

こうした改正を受け、文部科学省は２０２３年8月末に、「改正教育公務員特例法に基づく公立の小学校等の校長及び教員としての資質の向上に関する指標の策定に関する指針の改正等について」という通知文を発出し、教育公務員特例法の一部改正以後の新たな教員研修の枠組みについて明示しました。通知文では大きく5点が示されていますが、ここでは以下の2点を紹介します。

第一は、校長及び教員としての資質の向上に関する指標の策定に関する指針を改正したことです。文部科学大臣が策定した指針に基づき、各任命権者が教員としての資質の向上に関する指標を策定し、それを受けて教員研修計画を立案するという流れは、２０１６年の教育公務員特例法の一部改正によりはじまった制度です。今回の改正では、教師に共通的に求められる資質能力を、①教職に必要な素養、②学習指導、③生徒指導、④特別な配慮や支援を必要とする子供への対応、⑤ＩＣＴや情報・教育データの利活用の五つの柱で再整理しました。また、今回の法改正に基づく新たな教員研修の仕組みとして、研修等に関する記録（履歴）を活用した資質の向上に関する指導助言等について、その基本的な考

研修履歴を活用した対話に基づく受講奨励に関するガイドライン（文部科学省，2022年８月）

え方を明記しました。そして、研修等に関する記録を活用し、所属職員に指導助言を行い、人材育成に大きな責任と役割を担っている校長に求められる資質能力を明確化するとともに、校長の指標を教員とは別に策定しました。

第二は、研修履歴を活用した対話に基づく受講奨励に関するガイドラインを策定したことです。このガイドラインは、新たな教師の学びの姿を実現するための重要な手立てとなるもので、教育委員会や校長が行う指導助言等に関し、研修履歴の記録の目的、範囲、内容、方法、時期及び閲覧・提供並びに対話に基づく受講奨励の方法・時期等について、その適正な運用の参考となる内容を定めたものです。

☑「対話に基づく受講奨励」は、どのように進めていけばよいのか？

２０２３年4月からはじまった「対話に基づく受講奨励」については、各自治体によって取組状況に若干の違いがあるようですが、ここでは、校長が指導助言者の場合を想定した進め方について、私見を述べさせていただきます。具体的な校内の推進体制や年間のスケジュール等については、次頁の図をご参照ください。

各学校においては、年度当初に校内研修会を開催し、「新たな教師の学びの姿の実現のための研修推進体制」について、全教員に周知します。その後、各教員は任命権者等が作成した教員育成指標等に基づき、自己の資質・能力等に関する自己評価・自己点検を行い、各自の強みの伸長と弱みの克服に向けた研修計画を作成します。次に、校長は各教員が作成した研修計画案をたたき台として、自己申告等の期首面談において、「対話に基づく受講奨励」を行います。その際、校長は各教育委員会が開催する研修や、独立行政法人教職員支援機構（ＮＩＴＳ）及び大学等が開設する多様な研修等を紹介するなど、教員の研修受講について支援していきます。年度末には、教員との期末面談の中で、受講した研修等を振り返り、それぞれの資質・能力の定着状況の確認と次年度の研修計画等について検討していきます。校長は、こうした一年間の流れを通して、校内に学びの文化を醸成していきます。

（東京学芸大学　伊東　哲）

◆　4月　校内研修の設定
・「新たな教師の学びの姿の実現のための研修推進体制」に関する所属職員への周知
・各教員の自己の資質・能力に関する自己評価・自己点検
・各教員による研修計画案の作成

◆　4月末～5月中旬　校長等による対話に基づく指導助言の開始

◆　翌年1月　校内研修の設定
・今年度の各教員の研修計画に対する省察及び次年度以降における研修計画の立案に関する周知と方向性の確認

◆　2月～3月　校長等による対話に基づく指導助言の開始
・研修を含め，今年度における自己の資質・能力を高める取組について，対話に基づく省察を行う。

今後の教員研修に向けた校長の役割と校内推進体制の確立に向けて

教員勤務実態調査の結果を踏まえた働き方改革の現在地

Check
□教員勤務実態調査で何がわかったのか？
□調査結果を踏まえて、国、教育委員会、学校には何が必要か？

☑教員勤務実態調査で何がわかったのか？

皆さんの学校では、働き方改革は進んでいますか。仕事は減らないのに、校長や教育委員会から「早く帰れ」ばかり言われるようになって、ストレスがたまる。そんな先生方も多いのではないでしょうか。言わば「改革疲れ」を起こしていませんか。

学校にも、教育行政にも、忙しい人たちが多いので、あれもこれも取り組む力は残っていません。なるべく少ない労力で効果の大きいところに取り組む必要がありますよね。そのことを考える上で、実態把握は不可欠ですが、とても参考になるのが文部科学省の「教員勤務実態調査」（2022年実施）です。速報値が2023年4月に公表されました。

勤務実態調査でわかったのは、前回調査（2016年実施）と比べて、小中学校教諭は

教員勤務実態調査（令和４年度）【速報値】について
（文部科学省，2023年４月28日）

一日あたり約30分、在校等時間が減ったことです。たった30分と見るのか、改善したと見るのかは、評価が分かれるとは思いますが、何が影響したのでしょうか。

勤務時間の内訳をみると、学校行事や学校経営、学級経営に関する時間が少し減っています。おそらく、新型コロナ下での行事の縮小などが影響しているようです。

また、週60時間以上の人（月換算すると、時間外が80時間超）は、前回調査より減っています。とりわけ、中学校ではこの間、部活動ガイドラインができて、休養日をとるようになった影響なども大きいと考えられます。

しかし、このデータには注意が必要です。第一に、調査は８・10・11月のデータなのですが、とても忙しい時期（３・４・５月など）ではもっと跳ね上がる可能性が高いです。第二に、コロナが落ち着き、学校行事などが従来通りとなると、違ってきます。第三に、持ち帰り仕事が含まれていません。タイムカード等の記録には出てこない「残業の見えない化」が広がっている学校もあります。校長や教育行政は実態把握できているでしょうか。

☑調査結果を踏まえて、国、教育委員会、学校には何が必要か？

もう少し詳細に分析すると、必要な対策も見えてきます。165頁の表は、小学校の学級担任で、週50時間未満の人（月の時間外が45時間未満）と60時間以上の人（過労死ライン超）の

Theme 7 教師

教師を取り巻く環境整備について緊急的に取り組むべき施策（提言）（文部科学省，2023年８月28日）

一日の違いを整理したものです。ポイントは4点。

第一に、授業をはじめとする教科指導は、教員の本業ともいえる業務ですが、1日の5～6割のウェイトを占めており、大きいです。私が文部科学省に提案しているのは、持ちコマ数を減らすような教員定数の改善（義務教育標準法の見直し）や学習指導要領の学習内容と時数を減らすことです。いずれも超難題ですが、国の大きな役割、課題だと思います。各学校でできることもあります。標準時数を超過する授業や補習が本当にどこまで必要か、児童生徒も疲れてはいないかなどを検討して、精選することです。

第二に、授業準備・成績処理は、長時間勤務の教員は長い傾向があります。短いのがいいとは限らないし、長いほどよくなるとも限らない難しい領域ですが、ＩＣＴを活用した採点やフィードバックなども重要でしょう。また、経験の浅い教員や講師が授業をする時も、参考となる資料や動画等を教育委員会が用意することも有効かと思います。

第三に、生徒指導・教科外活動は、比較的比重の大きな業務。掃除や昼休みの見守り、給食指導等に教員免許は必要ないので、教員以外のスタッフを増やすことを国等では検討してほしいです。各学校でできることとしては、行事の見直し等はやはり重要です。

第四に、会議や研修の在り方。必要性の薄い研修等は減らすべきですが、いまの勤務実態の何がマズイのかを共有し、働き方改革に取り組むアイデアを教職員らが出していく場は重要です。忙しいからといって、対話や議論を端折ると、合意形成ができずに推進力が落ちたり、抜本策に着手できなかったりします。「急がば回れ」です。

（一般社団法人ライフ＆ワーク代表理事　妹尾昌俊）

全国の学校における働き方改革事例集（令和５年３月改訂版）（文部科学省，2023年３月）

小学校教諭（学級担任，単式）の在校等時間内訳

		週50時間未満		週60時間以上		時間差
		a	比率	b	比率	b-a
教科指導	授業（主担当＋補助）	4:44	49.1%	4:44	37.8%	0:00
	朝の業務	0:40	6.9%	0:46	6.1%	0:06
	学習指導	0:19	3.3%	0:24	3.2%	0:05
	小計	5:43	59.2%	5:54	47.1%	0:11
授業準備・成績処理	授業準備	0:57	9.8%	1:43	13.7%	0:46
	成績処理	0:23	4.0%	0:24	3.2%	0:01
	小計	1:20	13.8%	2:07	16.9%	0:47
生徒指導・教科外活動	生徒指導（集団）	0:53	9.2%	1:07	8.9%	0:14
	生徒指導（個別）	0:02	0.3%	0:06	0.8%	0:04
	学校行事	0:09	1.6%	0:31	4.1%	0:22
	上記以外の特別活動等	0:21	3.6%	0:36	4.8%	0:15
	小計	1:25	14.7%	2:20	18.6%	0:55
会議、事務	会議，打ち合わせ	0:19	3.3%	0:31	4.1%	0:12
	学校経営（校務分掌）	0:06	1.0%	0:16	2.1%	0:10
	事務	0:10	1.7%	0:17	2.3%	0:07
	小計	0:35	6.0%	1:04	8.5%	0:29
保護者対応		0:05	0.9%	0:14	1.9%	0:09
研修		0:15	2.6%	0:18	2.4%	0:03
その他		0:04	0.7%	0:08	1.1%	0:04
合計		9:39	100.0%	12:31	100.0%	2:52

「教員勤務実態調査（令和４年度）【速報値】」（文部科学省），「質の高い教師の確保特別部会」（第２回）資料（中央教育審議会）を参考に筆者作成

給特法と教師の処遇改善に向けた課題

Check
□「給特法・教職調整額見直し」はどう扱われてきた？
□これからの教員の働き方はどうなっていくのか？

☑「給特法・教職調整額見直し」はどう扱われてきた？

公立学校教員は、給特法によって、教職調整額を一律支給する代わりに、原則として超過勤務手当（いわゆる休日・残業代）が支給されません。したがって、教員に仕事をさせたい国・自治体からすれば、どれだけ仕事を押しつけても給与負担が増えません。それゆえ、「定額働かせ放題」といわれるように、教員への仕事負担の増加に際限がありません。使用者側（校長・教育委員会・自治体・住民）からも、教員の仕事負担を減らすメカニズムは、一切働きません。それどころか、教員給与総額は一定ですので、できるだけ多くの仕事を押しつけた方が、「労働生産性」が名目的には向上して見えます。使用者側に、仕事を増やさないように動機を付けるためには、仕事の増加が給与負担を増すという「痛み」を伴

公立学校の教師の勤務時間の上限に関するガイドライン
（文部科学省，2019年１月25日）

うことが必要です。このため、定額支給の教職調整額ではなく、仕事の増加とそれに伴う残業時間の増加が、そのまま超過勤務手当の増加につながることが必要になります。

このことから、長期にわたって、給特法・教職調整額の在り方を見直すかどうかが課題とされてきました。たとえば、２００６年７月には中央教育審議会（中教審）初等中等教育分科会（初中分科会）に「教職員給与の在り方に関するワーキンググループ」が設置され、２００７年３月に「今後の教員給与の在り方について（答申）」をとりまとめました。しかしここでは給特法・教職調整額の見直しは先送りされました。また、２００８年11月に設置された「学校・教職員の在り方及び教職調整額の見直し等に関する作業部会」も、２００９年５月以降、結論を得ることなく消滅しています。

２０１７年７月設置の中教審初中分科会「学校における働き方改革特別部会」も、２０１９年１月に、「新しい時代の教育に向けた持続可能な学校指導・運営体制の構築のための学校における働き方改革に関する総合的な方策について（答申）」及び「公立学校の教師の勤務時間の上限に関するガイドライン」で、給特法・教職調整額の基本的な枠組を前提とする先送りの方向性を示しました。使用者の勤務時間管理義務と上限ガイドライン（改正労働安全衛生法）のもと在校等時間の縮減する方向を示しつつ、１年単位の変形労働

中央教育審議会総会（第136回）会議資料
（文部科学省，2023年５月22日）

時間制を提唱しています。その後、２０１９年の給特法改正により「休日のまとめ取り」のための1年単位の変形労働時間制が導入可能となりましたが、長期間労働を抑制するメカニズムはありません。「質の高い教師の確保のための教職の魅力向上に向けた環境の在り方等に関する調査研究会」（いわゆる有識者会合）の「質の高い教師の確保のための教職の魅力向上に向けた環境の在り方等に関する論点整理」（２０２３年4月）でも、教職調整額を廃止して超過勤務手当に移行する際の論点・留意点を列挙するのみに留まっています。

✔これからの教員の働き方はどうなっていくのか？

これを受け、２０２３年5月22日中教審に「『令和の日本型学校教育』を担う質の高い教師の確保のための環境整備に関する総合的な方策について」が諮問され、6月設置の「質の高い教師の確保特別部会」で議論が進んでいます。8月28日に「教師を取り巻く環境整備について緊急的に取り組むべき施策」という緊急提言を出しましたが、教職調整額の見直しには触れていません。①「基本的には学校以外が担うべき業務」、②「学校の業務だが、必ずしも教師が担う必要のない業務」、③「教師の業務だが、負担軽減が可能な業務」という「学校・教師が担う業務に係る3分類」として、特に①②の教員の業務を他者に振り分ける方向に転進しています。

労働時間を一定と決められる労働者は時給・単価を切り下げ、給与が一定または固定的な労働者には長時間労働を求めるのが、1990年代から日本の雇用社会で広く生じてきた労働破壊の現象です。前者は、フリーター・非正規労働者などのワーキングプアや、ボランティア・アンペイドワークの動員にあたります。後者は、サービス残業、名ばかり管理職、裁量労働制などや、そもそも、労働時間を考慮しない個人事業主化です。その意味で、給特法による「定額働かせ放題」は、雇用社会全体の流れを先取りし、今では軌を一にしているといえます。いわゆる「働き方改革」も、後者を是正できても、前者への依存が深まるだけです。仕事の総量を減らさず、正規労働者の長時間労働を抑制し、労働時間平均単価を切り下げるためには、前者の人員を増やさざるを得ません。学校では、業務を減らさぬまま、学校以外または正規教員以外に負担を転嫁して、ワーキングプアまたは地域ボランティアに頼るに留まるのです。しかも、業務を正規教員以外の他者に一時的に転嫁しても、給特法の仕組みでは、使用者側が正規教員に仕事を追加することを抑制するメカニズムはありません。「定額働かせ放題」のままですから、むしろ増えていきます。このように、「金だけ（＝人件費を増やしたくない）、今だけ（＝将来への歯止めがない）、自分だけ（＝国の都合のみ）」の対策が進行中なのです。

（東京大学　金井利之）

教員の残業代訴訟と判決

Check
□埼玉県小学校教員残業代請求訴訟で裁判所はどのような判断をしたのか?
□判決をどのように理解すべきか?

☑埼玉県小学校教員残業代請求訴訟で裁判所はどのような判断をしたのか?

公立学校教員の長時間労働に関しては、埼玉県の小学校教員が提起した残業代請求訴訟が重要です。この訴訟は原告がインターネットで自分の主張や裁判の経過等を積極的に紹介し、同じように長時間労働に悩む教員らの支持を受けながら社会的にも大きな注目を受けました。しかし、裁判の結論としては、第一審（さいたま地方裁判所2021年10月1日判決）、控訴審（東京高等裁判所2022年8月25日判決）ともに原告の請求は認められず、最高裁（最高裁判所第二小法廷2023年3月8日決定）でも上告が受理されなかったため、原告敗訴で確定しました。

本件訴訟では、原告である小学校教員が被告である埼玉県（学校設置者）に対して、①

教員勤務実態調査（令和４年度）【速報値】について
（文部科学省，2023年４月28日）

労働基準法第37条の割増賃金請求権に基づく残業代請求、②校長が違法な残業をさせていたことに対する国家賠償法に基づく国家賠償請求、の二つを請求しました。

しかし、①については、これまでの裁判と同様に、給特法は教員の職務の特殊性から一般労働者と同様の労働時間の管理にはなじまないこと等を理由に、公立学校教員には教職調整額を支給する代わりに割増賃金を支払わない仕組みになっていることは不当ではないと判断し、認めませんでした。

一方、②に関しては、校長の職務命令に基づく業務を行った時間（自主的な業務の体裁を取りながら、校長の職務命令と同視できるほど教員の自由意思を強く拘束するような形態は、実質的に職務命令に基づく）が日常的に長時間にわたり、時間外勤務をしなければ事務処理ができない状況が常態化している等、給特法の趣旨を没却するような事情が認められる場合は、校長には業務量の調整や割振り、勤務時間等の調整等の措置を執るべき義務があるとし、その義務を怠って教員に法定労働時間を超えて労働させ続けた場合は国家賠償法上違法になるとして、②の請求が認められる余地があると判断しました。

しかし、結論として、裁判所は本件訴訟ではそのような給特法の趣旨を没却するほどの長時間労働が日常的に行われていなかったとして、原告の請求を認めませんでした。

☑ 判決をどのように理解すべきか?

労働法の実務では、労働時間とは客観的に見て労働者が使用者の明示的または黙示的な指揮命令下に置かれている時間を指すとされていますが、第一審の判決の重要なポイントは、どのような業務が教員にとって労働時間に含まれるのかを詳細に認定している点です。

裁判所は在校している時間全てが労働時間になるわけではないとし、在校時間の中から校長の指揮命令に基づいて従事した部分を労働時間として特定しています。たとえば、朝自習の準備、業者テストの採点業務、通知表の作成、校外学習の準備等は労働時間に該当すると認定しています。しかし、授業準備については授業に必要不可欠な準備行為なので労働時間であるものの、実際にどの程度の授業準備を行うかについては各教員の自主的な判断に委ねられているとして、最低限必要な限度の1コマにつき5分間しか労働時間と認定しなかったことや、教材研究、提出物確認、保護者対応等は各教員の自主的な判断で行われるものであり、校長の指揮命令に基づく業務の従事とはいえないとして労働時間と認定しませんでした。

このような裁判所の労働時間の判断は、教員の業務の実態とかけ離れているという批判も強いですが、一方で授業準備の時間は教員のやり方次第では無限定になってしまう可能性も否定できず、かといって校長が厳格に管理したり、過度に成果を要求したりすると教員の専門性を奪いかねず、単純に「労働時間か否か」という二項対立的な法律論で議論するのに適さない点もまた事実です。また、同じ教員の労働時間であっても、裁判所が公立と国私立で判断が異なっていることは整合性が取れないとして批判されていますが、国私立の教員の残業代は受益者負担の側面が強いのに対し、公立の教員の残業代は公費負担の側面が強いことから、同列に論じることが難しい面もあります。

むしろ裁判所の判断で最も重要な点は、校長は業務量の調整や割振り、勤務時間等の調整等の措置を執るべき義務があると明示した点にあります。こうした調整義務に違反している場合は、教員がそれを証明する客観的証拠を集めることが重要になると考えられます。なお、本件訴訟の第一審で裁判所は、給特法は、多くの教員が校長の職務命令等で一定の時間外勤務に従事せざるを得ない現在の教育現場の実情には適合していないのではないかとの思いを抱かざるを得ず、現場の教員の意見に真摯に耳を傾け、働き方改革によって業務の削減を行い、勤務時間の管理システムの整備や給特法を含めた給与体系の見直し等、早急に労働環境の改善が図られることを切に望むと付言しています。

（弁護士・兵庫教育大学大学院　神内　聡）

教員不足の現状と教職の魅力向上

Check
□近年の教員不足の背景には何があるのか?
□教職に多くの人を惹きつける手立ては?

☑近年の教員不足の背景には何があるのか?

学齢期の子どもが減っているのに教員不足がなぜ生じるのか、不思議に思われる方もおられるでしょう。実は、教員のなり手の層が薄くなってきたことが背景にあります。

次頁のグラフは、2004年度からの幼稚園・小学校・中学校・高等学校の教員免許状(一種＝学士レベル)の推移を示したものです。今世紀初頭に小泉純一郎元首相が提唱した「聖域なき構造改革」の一環として、五つの専門職養成(医師・歯科医師・獣医師・船舶職員・教員)に関わる大学の抑制策のうち、教員養成に関する抑制策が2005年から撤廃され、多くの私立大学が幼稚園や小学校の教員養成プログラムを新たに提供しはじめました。その結果、これらの教員免許状の発行数は大幅に増えました。

「令和の日本型学校教育」を担う教師の養成・採用・研修等の在り方について～「新たな教師の学びの姿」の実現と，多様な専門性を有する質の高い教職員集団の形成～（答申）（中教審第240号）（中央教育審議会，2022年12月19日）

一方、中学校・高等学校の教員免許状は、いわゆる「開放制」原則のもと、もともと教育系以外の様々な学部で取得できます。これらの免許状発行数は２００６年頃をピークに漸減傾向にあります。

これは、18歳人口の減少を受けて多くの大学が定員を減らしたことに加え、この頃から文部科学省による教員免許状取得のための課程認定の基準や運用が強化されて、伝統ある大学で免許取得のルートが狭まり、また学生たちの単位修得も厳しく管理されるようになった結果でもあると捉えられます。

さらに注意すべきは、抑制策撤廃で私立大学の教育系学部が激増する以前に、国立の教員養成系大学・学部の規模が縮小されてきていたことです。教員養成課程の総定員は、２０１５０人（１９８５年）から９３９０人（２００５年）に半減しています。

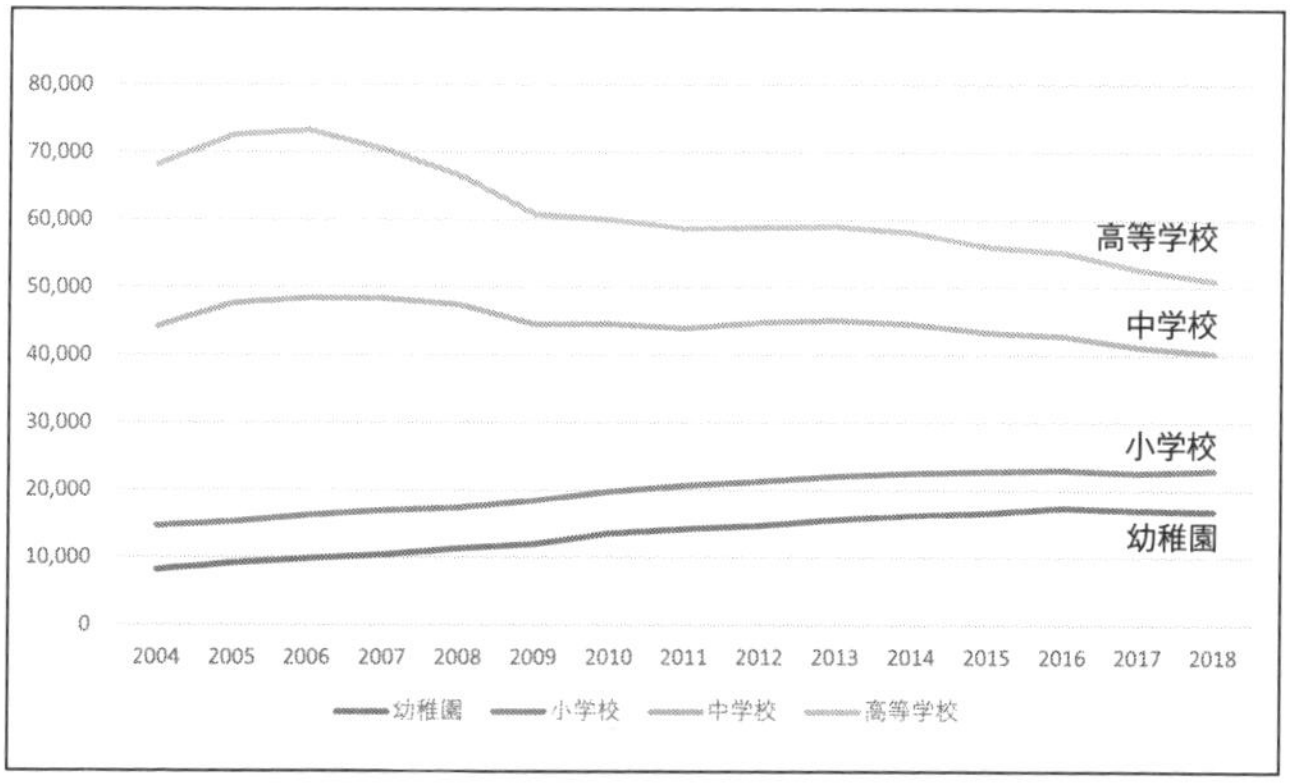

教員免許状の授与状況（一種・直接養成によるもの）

産業構造審議会　商務流通分科会　教育イノベーション小委員会　中間とりまとめ（経済産業省，2022年９月22日）

主に国立の教員養成課程は、免許状取得が卒業要件となっていることもあって、もともと教職志望度の高い、いうなれば「固定層」の学生の比率が高いです。実際、国立の教員養成系大学・学部を卒業して公立小学校に新規採用される人の数は、ここ20年ほど５００人前後で安定しています。

それに対して主に私立の一般大学の場合、教員免許状取得が学生の任意ということもあり、卒業後の進路選択に際して労働力市場全般を見渡して教職を選択する学生（いうなればば「浮動層」）の比率が高いです。この「固定層」が減って「浮動層」が増えたことが、昨今の教員不足の背景にあります。

端的にいえば、免許状を取っても教員にならない人が増えたのです。

教職に多くの人を惹きつける手立ては？

こうした状況に対して、文部科学省は教員免許状取得のための基準（課程認定基準）を緩和して、特に小中学校の教員免許状取得を容易にする施策を打ち出しています。都道府県や政令指定都市の教育委員会では採用試験の前倒しをはじめ採用施策の工夫を講じています。また、教育界の外（主に産業界）からは、他職種などを経験した多様な経歴の教員を学校に参画しやすくする提言が繰り返しなされており、２０２２年12月の中央教育審議

Teach For Japan ホームページ

会答申は、「他の会議体等からの提言」としてこうした経済界の要望を一定程度反映したものになっています。これは従来の中教審答申には見られない特色です。

つまり、大学の教員養成課程・教職課程ではこれまでよりも免許状を取りやすくして発行を増やすとともに、大学での正規の養成ルートを経ない教員をリクルートすることで教員のなり手を増やそうという両にらみの政策が採られているのです。

後者の具体策としては、教員資格認定試験による免許状取得者の拡大や、都道府県教育委員会による特別免許状や臨時免許状のさらなる活用などが打ち出されており、認定NPO法人「Teach for Japan」のように、現時点で教員免許状を持たない人の教職への入職をサポートする組織も現れています。

こうした施策が奏功するか否かは、従前からの「固定層」の若者たちを教職につなぎ止めるだけでなく、さらなる「浮動層」を教職に惹きつけるアピールが不可欠です。次代の子どもたちを育てる仕事のリアルな魅力を外向きに発信し、入職後のさらなる歩みをサポートする条件整備を行っていくことが、教育界全体の課題でしょう。

（東京学芸大学　岩田康之）

特定分野に特異な才能のある児童生徒への支援

Check
□「特異な才能」「特異な才能への教育」とは？
□日本における才能支援の方向性と今後の展望は？

☑「特異な才能」「特異な才能への教育」とは？

非常に高い知的能力あるいはそれを有する者を表現する言葉は、「天才」「英才」「エリート」というように多様です。しかし、それらは全て高い才能の異なる側面を強調する固有の意味合いをもつため、高い才能をシンプルに示す表現としてはどれも不適です。

それらとは別に、「ギフテッド」という表現もあります。本来は「天与（賦）の」という意味で、転じて「飛び抜けた能力（者）」を指すとされます。何が与えられたのかを示さない婉曲な表現が私たちの感性に合っていることもあり、最近は日本でもしばしば目にするようになりました。しかし、市井の人々が何の能力も与えられていないことになってしまったり、あるいは逆に「誰もが何かもっているから皆ギフテッドだ」と極論されたり、その語の使用者によってギフトの内容が異なっていたりするため、文部科学省などでは極力その語を避け、もっぱら「特異な才能」といった中立的な表現を用いています。ただ、今後は日本でも「ギフテッド」が高い才能を示す一般的呼称になるかもしれません。

ところで、才能教育先進国アメリカでは、すでに1980年代に特異な才能者の教育に関わる連邦法が制定され、それを受けて過半の州で多様な才能発見とその教育の仕組みが整備されました。それらは大きく「早修」と「拡充」という類型に分けられます。早修は、飛び級や15・16歳で大学に入るような早期入学など、暦年齢よりも上位の学年や学校種に進ませる教育的措置です。才能者のストレスや不適応を回避し、学費が数年分節約できる利点がありますが、同年齢集団とのつながりが失われ、学習内容の細部が飛ばされてしまうなどの問題も指摘されています。一方、拡充は、暦年齢通りの標準学年に在籍しながら通常よりも体系的で深化した幅広い学習を行うものです。特定科目だけ特別クラスで高度な内容を学習する、放課後や休暇中に高レベルの学習合宿に参加するなどの実践が一般的です。応用的能力が涵養され、未習部分が発生せず、同学年集団も維持できる等の利点はありますが、特別な教材開発、指導者の確保などに公的、私的なコストがかかります。

近年、一部のアジア諸国でも特異な才能への教育が進められていますが、それらの多く

特定分野に特異な才能のある児童生徒に対する学校における指導・支援の在り方等に関する有識者会議 審議のまとめ（特定分野に特異な才能のある児童生徒に対する学校における指導・支援の在り方等に関する有識者会議，2022年９月26日）

は国や地域の威信を高めることを目的として実施されており、早修の性格をもった教育実践が多く見られます。一方、アメリカや西欧諸国で多く見られるのは、子どもたちの多様な学習ニーズに対応するために行われる個に応じた教育支援です。個に応じて早修または拡充の対応を採るところに、それら諸国での才能教育支援の特徴があるといえます。

☑日本における才能支援の方向性と今後の展望は？

一方、日本では、戦後の「学校教育法」の規定により、厳格な年齢主義（学年進行と暦年齢の一致）が採られてきました。そのため、戦前・戦中に見られた早修的な教育はなくなりました。しかし、その日本でも１９９０年代に入る頃から、例外的に高い才能への特例措置に関する検討が行われるようになりました。その大きなきっかけが、１９９１年の（旧）第14期中教審答申で提唱された「教育上の例外措置」です。才能教育を「特定部分の個性を伸ばす教育」と新たに規定しましたが、制度改革にはつながりませんでした。

その後、１９９７年の（旧）第15期中教審答申では「大学入学年齢の特例」が具申され、それが翌年の千葉大学における飛び入学につながりました。飛び入学はその後11つの大学で導入されましたが、これまでの飛び入学者は全体で１５２名（その3分の2が千葉大学）にとどまっています。そもそも、社会的要請は当初から高等教育段階より初等・中等教育

「令和の日本型学校教育」の構築を目指して～全ての子供たちの可能性を引き出す，個別最適な学びと，協働的な学びの実現～（答申）（中教審第228号）
（中央教育審議会，2021年１月26日）

段階で高かったため、当然の結果であるということもできるでしょう。

大学への「飛び入学」制度発足から20年以上経った２０２１年、再び特異な才能への教育支援が視点を変えて再登場しました。（現）第10期中教審における「個別最適な学び」の議論がそれです。その答申「『令和の日本型学校教育』の構築を目指して」での提言を受け、文部科学省は「特定分野で特異な才能のある児童生徒に対する指導・支援の在り方等に関する有識者会議」を設置しました。会議では、特異な才能をもつ初等・中等段階の子どもへの特別な指導・支援の在り方について一年以上にわたり検討が重ねられました。その際に実施された関係者への全国調査では、突出した能力を示す子どもたちの例、授業が易しすぎて退屈している例、特別支援学級に在籍しながら数学的能力が突出している「非同期発達」「２Ｅ（二重に例外的）」の例など、多くの事例が得られました。また、才能ある子どもたちに向け現在行われている取組についても情報が収集され、そうした取組をこれからの才能教育に利用していくことの可能性が検討されました。

会議の「審議のまとめ」では、「特異な才能への理解と研修の促進」「学習の場や居場所の充実」「実証研究を通じた実践事例の蓄積」などが提言されましたが、それらの実行・実現のためには何より特異な才能教育への国民的合意形成が必要です。（放送大学　岩永雅也）

「幼児期までのこどもの育ちに係る基本的なヴィジョン」の策定

Check
- □「幼児期までのこどもの育ちに係る基本的なヴィジョン」とは？
- □今後の検討事項や課題は？

☑「幼児期までのこどもの育ちに係る基本的なヴィジョン」とは？

こども家庭庁は2023年10月、「幼児期までのこどもの育ちに係る基本的なヴィジョン（仮称）」（以下「ヴィジョン」という）の策定に向けた答申素案をまとめました。「ヴィジョン」では、2022年6月に成立し、翌年4月に施行されたこども基本法に則り、次の四つの理念を示しています。

①すべてのこどもが一人一人個人として、その多様性が尊重され、差別されず、権利が保障されている
②すべてのこどもが安心・安全に生きることができ、育ちの質が保障されている
③こどもの声（思いや願い）が聴かれ、受け止められ、主体性が大事にされている

幼児期までのこどもの育ち部会（こども家庭庁ホームページ）

④子育てをする人がこどもの成長の喜びを実感でき、それを支える社会もこどもの誕生、成長を一緒に喜び合える

権利主体としての子どもの最善の利益を常に第一に考え、子どもに関する取組・政策を社会のまんなかに据えていく「こどもまんなか社会」の実現を目指す大きな価値転換を迎えています。幼児期までの「こどもの育ち」に着目し、全ての人と共有理念等を整理し、社会の認識の転換を図りつつ、政府全体の取組推進の羅針盤として定められた「ヴィジョン」では、「幼児期までのこどもの育ちの５つのヴィジョン」を示しています。

(1)こどもの権利と尊厳を守る
(2)「安心と挑戦の循環」を通してこどものウェルビーイングを高める
(3)「こどもの誕生前」から切れ目なく育ちを支える
(4)保護者・養育者のウェルビーイングと成長の支援・応援をする
(5)こどもの育ちを支える環境や社会の厚みを増す

子どもの誕生前から切れ目なく育ちを支えることが不可欠であり、保護者・養育者のウェルビーイングと成長を支え、現代の社会構造を踏まえ環境や社会の厚みを増す必要があります。また、乳幼児の思いや願いとして安心したい、満たされたい、関わってみたい、

遊びたい、認められたい、という思いをもち、まわりの環境との関係の中で心身の発達を図り、生涯にわたる基盤の築きを重要視しています。身近な人との応答的なやりとり等を通じて、こうした思いをもつことも大切です。

☑今後の検討事項や課題は?

答申素案では、「ヴィジョン」の目的として次の3点が挙げられています。

・こどもの誕生前から幼児期までの重要性
・すべてのこどもへのひとしい保障
・こどもから見て切れ目のない保障

ウェルビーイングの実現に向けて、身体的・精神的・社会的なすべての面を一体的に捉えた観点(バイオサイコソーシャルの観点)が示されたことは、身体の健全発達、社会的情動スキルの育成、環境の保全を鑑みた画期的な進展です。一方、子どもは0歳児から自ら学ぶ存在、かつ幼児期は小学校の接続期として学校教育にも位置付く存在です。乳幼児期の安心・安全とともに、0歳児から積み上げられていく教育に基づくことも重要です。

また、「ヴィジョン」に基づく社会の認識の転換と政府全体の取組の推進が、こども施策の基本的な方針や重要事項等について定める「こども大綱」や、次元の異なる少子化対策の実現に向けた「こども未来戦略」等とあいまって、「こどもまんなか社会」の実現を強力に牽引することが期待されます。「おわりに」では次の4点が挙げられています。

・「こども大綱」に位置づけられるこども施策への反映
・すべての人の具体的行動を促進する取組
・『育ちのヴィジョン』をすべての人と共有するための副題の設定等
（すべてのこどもの「はじめの100か月」の育ちを支え生涯にわたるウェルビーイング向上を図るために）
・『育ちのヴィジョン』の具体的実現策の一体的・総合的推進

「ヴィジョン」の理念は、次代を見据えたものです。1989年国連総会で「子どもの権利条約」が採択され、日本は1994年に批准しました。生命、生存及び発達に対する権利、子どもの意見の尊重など、先進国の重要な位置付けにある条約です。条約批准から30年近く経ち、こども家庭庁の創設とともにようやく「こども基本法」が成立し、今回の「ヴィジョン」が登場します。理念だけでは物事が進まないことは確かです。

今後の大きな課題は、次代に対応できる制度の構築と共に、将来と今を見据えた予算の獲得となるでしょう。実効性のある「ヴィジョン」として、「こどもまんなか」を進める覚悟が今の日本に問われています。

（こども園ひがしどおり理事長・園長　坂﨑隆浩）

幼児教育・保育のデジタルリスク

Check
□幼児のデジタルリスクとは？
□デジタルリスクを踏まえた幼児教育・保育に求められるものとは？

☑幼児のデジタルリスクとは？

インターネットにつながるデジタル機器は、子どもたちに「光」と「影」の影響をもたらしています。幼児におけるインターネットの「光」の側面を観てみると、今日子どもたちは保護者のタブレットやスマートフォンを介してYouTubeなどの動画を観たり、ゲームをしたりしています。また、読み聞かせ童話も、数多く動画形式で配信されています。子どもたちは、これらのコンテンツをクリック一つで楽しむことができています。

その一方で、デジタルは「影」の側面もあわせもっています。本書の読者の方々が、最初に思い浮かべることは、スマートフォンなどのデジタル機器の使い過ぎの問題なのではないでしょうか。スマートフォンなどの使い過ぎが、やがてネット依存症を引き起こしてしまうのではないかという心配をされている方もいらっしゃることでしょう。

ただ、スマートフォンの使用と、いわゆる「ネット依存症」との関係は未だ科学的に証明されたという域に達しているとはいえません。世界保健機関（ＷＨＯ）においても「ゲーム障害」については国際疾病分類第11版（ICD-11）に認定していますが、インターネットにおける障害は認定されておりません。

一方で、ＷＨＯは２０２０年に「身体活動および座位行動に関するガイドライン」を公開しており、デジタル機器の長時間利用による「座位行動」を問題視しています。本ガイドラインでは、余暇時間におけるスクリーンタイムを減らすことにより、子どもたちの肥満予防、体力と精神的健康の向上が図られています。

また、デジタル機器の使用は、子どもたちのプライバシーが侵害されるというリスクをもたらす恐れがあります。最近では、インターネット接続機能は、デジタル機器にだけではなく、あらゆる日常品にも搭載されています。幼児の利用という観点から特に注意する必要があるものの一つとして、デジタル玩具があげられます。

ドイツでは、２０１７年に盗聴の恐れがあるＡＩ人形「カイラ」が販売禁止となりました。この人形には、ＡＩが搭載されており、子どもたちが問いかけた質問に対してＡＩが

監訳 宮地元彦「WHO 身体活動および座位行動に関するガイドライン」

返答するという仕掛けでした。子どもたちは、カイラと自由な会話を楽しむことができたのですが、この人形はインターネットに接続可能であるにも関わらず、セキュリティ対策が十分に施されていませんでした。このため、第三者が外部から人形の音声機能にアクセスし、子どもとカイラとの会話を盗み取ることが可能でした。このことは、子どもたちの個人情報、プライバシー情報の流出の恐れを浮き彫りにしています。

このように、デジタルが日常生活のあらゆるものに適用されることは、また新たなリスクを子どもたちにもたらすのです。

☑ デジタルリスクを踏まえた幼児教育・保育に求められるものとは？

このような子どもの生活環境の変化を受け、デジタル環境に生きる子どもたちのための様々な政策的取組が講じられています。代表的なものをあげますと、経済協力開発機構（ＯＥＣＤ）では、２０２１年に「デジタル環境の子どもに関するＯＥＣＤ勧告」を発表しました。この勧告では、デジタル環境に発生する様々なリスクに対して子どもたちを保護するためのガイドラインとして、「年齢に応じた子どもの安全設計」を推奨しています。これは、デジタルサービスを提供する事業者に対して、子どもたちがそのサービスを利用することを前提とした製品設計をすることを求めているものです。また、UNICEF では、

子どもの権利条約（日本ユニセフ協会ホームページ）

「子どものためのＡＩに関する政策ガイダンス」が策定されています。このガイダンスでは、ＡＩ社会に子どもたちが参加することを前提としつつも、ＡＩの子どもたちに対する影響を踏まえた上で彼らを保護することを求めています。

これらの政策理念には、共通の価値観が存在します。それは、国際連合の子どもの権利条約に定められた「子どもの最善の利益」を前提としていることであり、その上で子どもたちのデジタル環境整備のための施策を講じることが目指されています。日本においては、２０２３年に「こども基本法」が施行されました。本法においても子どもの最善の利益を政策的柱に置き、子どもの権利と保護のバランスをとる子ども政策が目指されています。

これからの幼児教育・保育には、子どもの最善の利益の観点から、子どもたちのデジタル社会に参加する権利を十分に尊重した上で、的確な保護・指導を講じていくことが求められます。保護者の方々と二人三脚で、子どもたちの発達段階に応じたかたちで、彼らが自己表現できる環境を教育の面から創っていく必要があるでしょう。

（仙台大学　齋藤長行）

参考資料

・齋藤長行『子どものデジタル・ウェルビーイング―最善の利益をめざす国際機関による取り組み』明石書店、2023

子ども虐待の現状と防止対策強化

Check
□子ども虐待の現状はどうなっているか?
□子ども虐待を防ぐために学校では何ができるのか?

☑子ども虐待の現状はどうなっているか?

児童相談所における子ども虐待対応件数は一貫して増加しており、２０２３年9月にこども家庭庁が公表した２０２２年度の統計によると、全国で21万９１７０件（速報値）となっています（次頁表）。かつてはなかなか発見しにくかった虐待事例が、発見通告されて児童相談所につながる事例が大きく増えてきたということを示しています。また、近年では四つの虐待種類（身体的虐待・ネグレクト・性的虐待・心理的虐待）のうち心理的虐待の割合が約6割に増大していますが、これは配偶者間の暴力や暴言に伴う子どもへの心理的虐待として警察署から通告される事例が大幅に増大したことが要因です。ＤＶ環境で子どもが育つことは子どもの心理に様々な影響を与えるため、家庭内の支配的な人間関係に関するアセスメントが重要です。

　虐待を受けた子どもたちには、落ち着きがない行動や衝動性の高さが見られることがあります。あるいは対人コミュニケーションがうまくとれなかったり、中には情緒的に不安定な状態を呈する子どももいます。子どもが示す問題の背景にある家庭状況を把握して、状況の改善を家族に働きかけるとともに、子どもの心理的なケアを行うことが必要です。これらの取組を早期に導入するために、不適切な養育状況が早く発見されて支援につなげることが求められます。虐待に至る前に予防できれば、子どもにとっても家族にとってもさらによいことです。市区町村や児童相談所では、保護者へのペアレントトレーニングなどの支援や子どもへの心理的なカウンセリングを行っています。民間団体や子どもが入所している施設などとも連携協働して、それらの取組を充実させていくことが必要です。

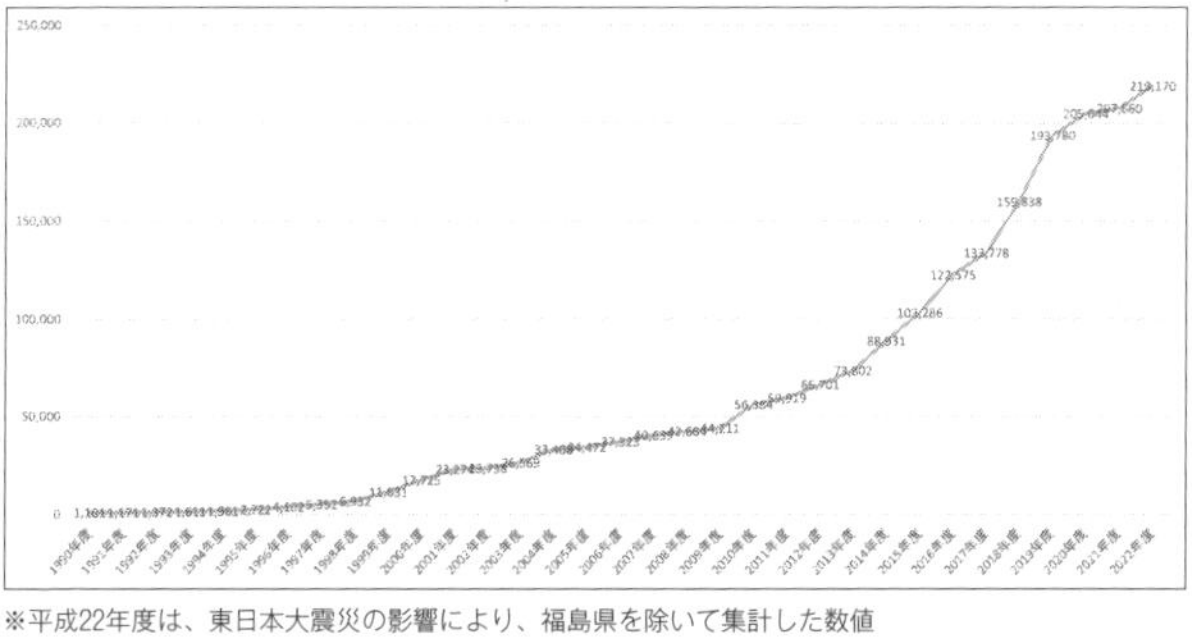

※平成22年度は、東日本大震災の影響により、福島県を除いて集計した数値

児童相談所における児童虐待相談対応件数の推移

こども家庭庁「令和４年度児童相談所における児童虐待相談対応件数（速報値）」から

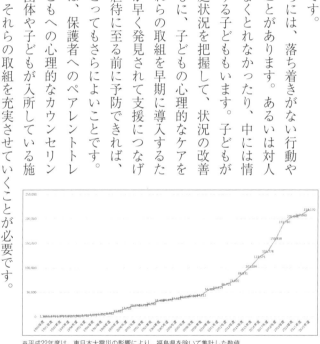

児童虐待防止対策（こども家庭庁ホームページ）

子ども虐待を防ぐために学校では何ができるのか？

子どもに気になる様子があった場合、家庭での生活状況を把握しながら、それらの背景に保護者による不適切な養育が見られないかどうかを観察することが必要です。学校は日常的に子どもと会うことができ、その変化を把握して、虐待に気が付くことのできる、子どもにとって最も身近な存在です。学校での気づきは早期の対応や虐待の予防にもつながる可能性があり、大変に重要となります。

学校は子どもが安心して話をすることができる信頼できる大人のいる場であり、困っている子どもの声を丁寧に聴きとって支援につなげることができる機関です。そのために教職員が役割を分担しながら、子どもの話を聴くための工夫を重ねる必要があります。保護者もまた、様々な苦労や生活上の困難を抱えています。保護者の困りごとを聴き取り、相談や支援の場所に関する情報を提供し、支援につなげることができる基点としての役割を担うことも学校には可能です。

学校の教職員など子どもの福祉にかかわる職種には、虐待の早期発見の努力義務が課されています。また、市区町村や児童相談所への通告は、国民全体の義務です。学校は虐待かどうかを判断する役割を担ってはおらず、虐待の疑いがあれば通告することが求められ

学校・教育委員会等向け　虐待対応の手引き
（文部科学省，2020年６月改訂版）

ています。通告することで初めて支援が開始されるのであり、通告以後は市区町村や児童相談所と学校とが連絡を取り合い、協働して親子の支援を検討していくこととなります。

支援を進めていくためには、地域の様々な機関や職種が関わって、横につながり合うことが求められます。それぞれの機関がもっている機能を活かしながら、お互いにできることを重ね合い、重層的な支援を構築していく必要があります。そのために要保護児童対策地域協議会があり、学校はその重要な構成メンバーです。それぞれの学校エリアで顔の見える支援者のつながりを形成していくことが、有効な支援につながっていくと考えられます。

（明星大学　川松　亮）

≪見つける≫
・気になる子どもや保護者の様子を観察して，養育状況を把握できる。
・市区町村や児童相談所への通告・相談により支援につながる。
≪聴く≫
・子どもの気持ちや要望を聴き取ることができる。
・保護者が抱える養育上の悩みや困難を傾聴することができる。
≪手助けする≫
・子どもや保護者に支援の情報を伝えることができる。
・子どものケアをすることができる。
・保護者に子どもとの関わり方のアドバイスをすることができる。
≪つなげる≫
・関係機関による支援につなげる基点となることができる。

子ども虐待防止における学校の役割

「不登校・いじめ緊急対策パッケージ」の公表

Check
□「不登校・いじめ緊急対策パッケージ」とは？
□「不登校・いじめ緊急対策パッケージ」の注目ポイントは？

☑「不登校・いじめ緊急対策パッケージ」とは？

「不登校・いじめ緊急対策パッケージ」は、文部科学省が２０２３年10月に出したもので、不登校やいじめ問題に対処するための重要な施策をまとめたものです。

この直前に発表された「令和４年度　児童生徒の問題行動・不登校等生徒指導上の諸課題に関する調査結果」において、小・中学校の不登校児童生徒数が約29万９０００件、小・中・高等学校や特別支援学校におけるいじめの認知件数が68万２０００件、うち重大事態の発生件数が９２３件、小・中・高等学校における暴力行為の発生件数が約９万５０００件と、いずれも過去最多となりました。また、新型コロナウイルス感染症の影響で、不安や悩みを相談できない子どもがいる可能性や、子どもの不安や悩みが従来とは異なる

「不登校・いじめ緊急対策パッケージ」及び文部科学大臣メッセージ（文部科学省）

形で現れる可能性があることも考えられます。

文部科学省は、こうした状況を踏まえ、「誰一人取り残されない学びの保障」に向けた取組の緊急強化を図るとして、関係府省と連携し、今回の「不登校・いじめ緊急対策パッケージ」をとりまとめました。パッケージの主な内容は、次の通りです。

■不登校緊急対策

・不登校の児童生徒全ての学びの場の確保

校内教育支援センターの設置促進、教育支援センターのＩＣＴ環境整備、教育支援センターの総合的拠点機能の強化

・心の小さなＳＯＳの早期発見

アプリ等による「心の健康観察」の推進、子供のＳＯＳ相談窓口の集約と周知、重点配置校へのスクールカウンセラー・スクールソーシャルワーカーの配置充実

・情報提供の強化

学びの多様化学校設置促進のための全国会議開催、「学びの多様化学校マイスター」派遣、文部科学省による一括した情報発信

児童生徒の問題行動・不登校等生徒指導上の諸課題に関する調査（文部科学省）

■いじめ緊急対策

・いじめの早期発見の強化

　アプリ等による「心の健康観察」の推進、子供のSOS相談窓口の集約と周知、重点配置校へのスクールカウンセラー・スクールソーシャルワーカーの配置充実

・国による分析強化、個別自治体への指導助言・体制づくり

　重大事態の国への報告を通じた実態把握・分析、ガイドライン改訂、国の個別サポートチーム派遣による自治体等への取組改善の実施、首長部局からのアプローチによる取組の強化、「いじめ調査アドバイザー」の活用

☑「不登校・いじめ緊急対策パッケージ」の注目ポイントは？

不登校対策として注目すべきなのは、文部科学省が２０２３年３月に定めた「COCOLOプラン」（「誰一人取り残されない学びの保障に向けた不登校対策」）が前倒しで実施されるという点です。「COCOLOプラン」には、不登校特例校（学びの多様化学校）や校内教育支援センターの設置促進、１人１台端末を活用した心や体調の変化の早期発見の推進等が盛り込まれています。特に、学びの多様化学校については、早期に全都道府県・政令指定都市に作ることが掲げられており、今後急速に整備が進むことが期待されます。

誰一人取り残されない学びの保障に向けた不登校対策（COCOLOプラン）について（文部科学省）

いじめ対策として注目すべきなのは、重大事態について国による分析を強化し、個別の自治体に指導助言するという点です。これまで毎年度数百件の重大事態が発生していたものの、国が調査報告書等を収集したり分析したりすることはほとんどありませんでした。しかし、学校や教育委員会が適切に重大事態への対応をしていないことが多く報道されている現状から、国が重大事態の報告書を集める等して地域におけるいじめ対策の状況を把握し、必要に応じて指導助言を行うことで、地方でのいじめ対応の改善を求める取組です。

また、不登校といじめ問題に共通するのが、アプリ等による「心の健康観察」の推進等、子どもの抱えるストレスや悩みを把握しケアする取組の推進です。各地域や学校で具体的な取組が進められていくでしょう。

不登校やいじめの問題はどの学校でも重要なもので、日頃から教職員が様々な対応をしなければなりません。その際に、法令等の制度や国の主要な施策について確認し、制度や施策を踏まえて対応することは重要です。今回の「不登校・いじめ緊急対策パッケージ」のように、関連する施策等がまとまった形で示されていれば、教職員が把握しやすくなり、望ましいといえます。

（千葉大学　藤川大祐）

不登校対策「COCOLOプラン」と学びの保障

Check
□ COCOLOプランとは?
□ 学びを保障する具体的な計画は?

☑ COCOLOプランとは?

文部科学省が2023年3月に発表した「誰一人取り残されない学びの保障に向けた不登校対策」の名称で、「COmfortable, Customized and Optimized LOcations of learning」の頭文字をとって付けられました。

COCOLOプランは不登校により学びにアクセスできない子どもたちをゼロにすることを目指し、次の三つの目標を立てています。

①不登校の児童生徒全ての学びの場を確保し、学びたいと思った時に学べる環境を整える。
②心の小さなSOSを見逃さず、「チーム学校」で支援する。

誰一人取り残されない学びの保障に向けた不登校対策（COCOLOプラン）について（文部科学省）

③学校風土の「見える化」を通して、学校を「みんなが安心して学べる」場所にする。

ポイントは、学校ではなく、「学び」へのアクセス、「学びの場」の確保です。２０１６年に公示された「義務教育段階における普通教育に相当する教育の機会の確保等に関する法律（教育機会確保法）」を受け、文部科学省は学校復帰を目標としていたこれまでの不登校支援に関する通知を廃止し、不登校支援の目標は社会的自立であると改めました。この変化をCOCOLOプランでも受け継いでいます。

岡本文部科学大臣も「今回のプランを実現するためには、行政だけでなく、学校、地域社会、各ご家庭、ＮＰＯ、フリースクール関係者等が、相互に理解や連携をしながら、子供たちのためにそれぞれの持ち場で取組を進めることが必要です」というメッセージを発信しています。つまり、学校か学校外か、学校に通うのか、ＮＰＯの活動やフリースクール等に通うのか、ではなく、一人一人の子どもにあった「学び」の環境をみんなで整えていくための拠り所としてとりまとめられたのが「COCOLOプラン」である、と理解することができます。

☑学びを保障する具体的な計画は？

COCOLOプランで掲げている三つの目標に向かって、具体的な計画が示されています。

誰一人取り残されない学びの保障に向けた不登校対策（COCOLOプラン）（文部科学省，2023年３月）

まず、学びの場の確保については、①不登校特例校の設置促進、②校内教育支援センター（スペシャルサポートルーム等）の設置促進、③教育支援センターの機能強化、④高等学校等における柔軟で質の高い学びの保障、⑤多様な学びの場、居場所の確保が挙げられています。特に不登校特例校は、３００校まで増やすことが目指されています。なお、２０２３年８月31日、不登校特例校は「学びの多様化学校」に名称が改められました。

次に、「チーム学校」による支援については、①１人１台端末を活用した心や体調の変化の早期発見を推進、②「チーム学校」による早期支援を推進、③一人で悩みを抱え込まないよう保護者を支援することが計画として挙げられています。ＩＣＴを活用して子どもたちからのＳＯＳをキャッチし、教師やスクールカウンセラー、スクールソーシャルワーカー、養護教諭、学校医などが専門性を発揮して連携することにより、必要な子どもに支援を早急に届けること、同時に、学校・地域・関係機関の連携で保護者を支援することも必要とされています。

最後に、学校で取り組むこととして、①学校の風土を「見える化」、②学校で過ごす時間の中で最も長い「授業」を改善、③いじめ等の問題行動に対しては毅然とした対応を徹底、④児童生徒が主体的に参加した校則等の見直しの推進、⑤快適で温かみのある学校としての環境整備、⑥障害や国籍言語等の違いに関わらず、色々な個性や意見を認め合う共生社会を学ぶ場にする計画が立てられています。学校に通い、教室にいても授業の内容についていけず、教室の中で学ぶ権利から排除されている子どもも少なくありません。不登校状態にあって、不登校特例校（学びの多様化学校）、教育支援センター、フリースクール等に通える子どもも実は一部に限られています。そうした中、どの子どもにも「わかった！　できた！　たのしいね！」と思える多様な学びの場をつくっていく必要があります。

（東京学芸大学　加瀬　進）

単位：人	不登校児童生徒数	学校内の機関等での相談・指導等を受けた児童生徒数	学校外の機関等での相談・指導等を受けた児童生徒数	学校内外の機関等での相談・指導等を受けていない児童生徒数
小学校	81, 498	39, 210	32, 334	26, 934
中学校	163, 442	71, 698	55, 988	61, 997

学校内の機関等：養護教諭，スクールカウンセラー，相談員等
学校外の機関等：教育支援センター（適応指導教室），教育委員会及び教育センター等教育委員会所管の機関（教員支援センターを除く），児童相談所・福祉事業所，保健所・精神保健福祉センター，病院・診療所，民間団体・民間施設，その他等
出典：「令和３年度 児童生徒の問題行動・不登校等生徒指導上の諸課題に関する調査結果について」（文部科学省）
作図：河　美善（東京学芸大学こどもの学び困難支援センター）

不登校児童生徒数と学校内外の機関等での相談・指導等を受けた人数

子どもの自殺増加とメンタルヘルス

Check
□なぜ子どもの自殺が増加しているのか？
□子どもの自殺を防ぐにはどうすればよい？

☑なぜ子どもの自殺が増加しているのか？

日本の自殺者数は1998年に増加し、年間自殺者数は3万人を超えています。2006年に自殺対策基本法が制定され、様々な自殺予防の取組が行われました。そのため徐々に自殺者数も減少し、2012年には3万人を下回っています。しかしその間、若者の自殺は他の世代に比べて減少率が低く、特に子ども（10代）の自殺は増加傾向を示しました（次頁グラフ）。コロナ禍の2020年に自殺者数は11年ぶりに増加に転じ、とくに社会的な弱者とされる女性と子どもの自殺は著しく増加しています。そのため、子どもの自殺は対策が急務な問題として認識されています。

文部科学省の調査では中学生・高校生の自殺の動機は学校問題（学業・進路の悩み、いじ

令和４年中における自殺の状況（厚生労働省自殺対策推進室　警察庁生活安全局生活安全企画課，2023年３月14日）

めなどの友人関係不調）が最多であり、次いで家庭問題（親の叱責・家族関係不調）が挙げられています。生活の大半である家庭や学校での問題が自殺行動の動機となっているのです。家庭や学校での問題に、適切な形で援助を求められないと苦しみが長く続き、うつ病などの精神疾患やメンタルヘルスの問題につながります。その他、性的指向・性自認に悩みのある子がマイノリティとしての生きづらさを抱えていることも自殺行動と関係するといわれています。また、有名人の自殺報道により、まるで感染したかのように自殺行動が拡大することがありますが、若者の方がこうした影響を受けやすいことが指摘されています。さらにコロナ禍の子どもの自殺は学校再開後の期間に増加しているため、長い休校が明けて登校がはじまることへの負担が関係している可能性も考えられています。

このように、子どもの自殺は複数の要因が組み合わさって生じています。そのため、子どもの自殺を予防するためには様々な支援を複合的に組み合わせていくことが必要です。

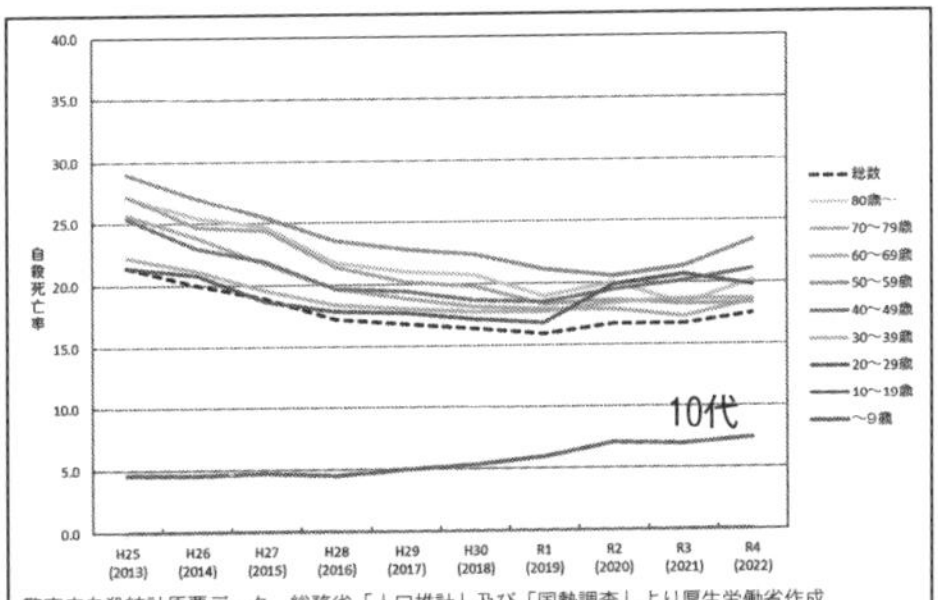

警察庁自殺統計原票データ，総務省「人口推計」及び「国勢調査」より厚生労働省作成

年齢階級別自殺死亡率の年次推移

出典：「令和４年中における自殺の状況」（厚生労働省）

☑ 子どもの自殺を防ぐにはどうすればよい？

　子どもの自殺を予防するためには様々な支援を行っていくことが必要です。医療、教育、福祉など支援者が力になれる分野はそれぞれ異なっており、できるだけ多くの人が連携し、支援者全員で子どもを守っていく視点が大切です。子どもの自殺関連行動は伝搬性も高く、昨今ではＳＮＳを用いて危険性の高い子ども同士がつながり、ＳＮＳ上で自傷手段を教え合うことや、実際に会って複数人で自殺行動に至ってしまうこともあります。こういった自殺の危険を高めてしまうつながりを、自殺を防ぐつながりに変えていくことが重要です。

　子どもの自殺を防ぐための先生方の役割としては、まず危険性の高い子どもを発見することが挙げられます。心の不調など子どもに変化があった時に、その変化に早く気づいて対応することが可能です。次に、子どもがＳＯＳを求めてきた際に、実際に援助を行うことができます。苦痛な叫びに親身に耳を傾け、苦しみを分かち合うことが治療的に関わることになり、辛い気持ちが次第に和らいでいきます。さらに、他の支援者とのつながりを強化することも重要です。精神疾患に罹患し治療が必要な場合には医療機関と、もし背景に虐待が疑われるなど家庭に問題がある場合は児童相談所や市区町村の子ども家庭支援課などの地域機関と連携し、可能な支援を考えていきます（次頁の図）。その他に大きな役割の一つとして、子どもに対する自殺予防教育を実施する担い手になることが挙げられます。他の生徒が自殺行動を目撃するなど、集団として自殺の危険が高まる状況下で、先生方から適切な対応や指導ができれば、その危険を減らすことができます。

ただし、多くの先生方が子どもに対する自殺予防教育の必要性を感じる一方で、その実施は困難とも感じています。理由としては、知識や経験をもつ教員が少ない、指導する自信や実際のカリキュラムが無いなどがあります。そのため、我々は２０２１年から神奈川県内の中学校・高校の先生方を対象に「神奈川県学校自殺対策支援プロジェクト（ReSPE-K）」を開始しました。これは、自殺予防に対する講義・知識提供を行うと共に、教育機関と医療機関の連携が密になるように交流を深めることを目的としています。現在までで複数の中学校・高校に参加して頂いており、一人でも多くの自殺の危険性の高い子どもを救うことを目指しています。

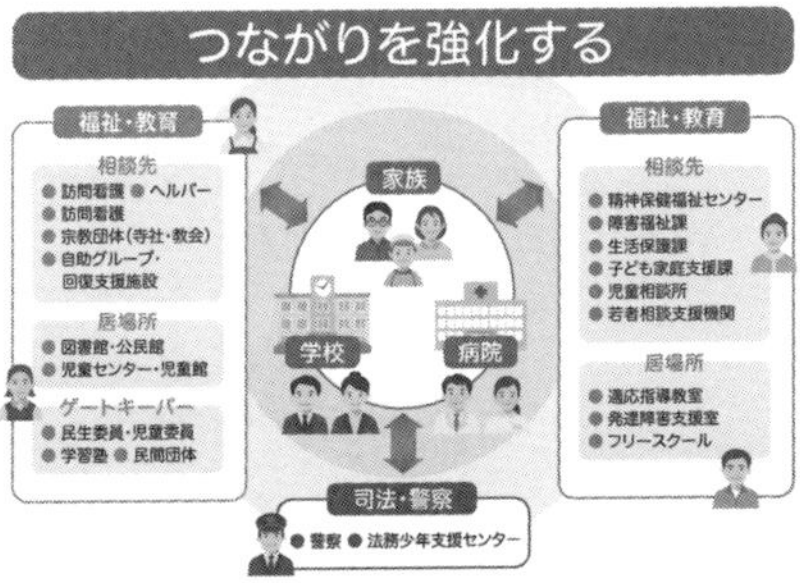

出典：神奈川県学校自殺対策支援プロジェクト
（社会支援編）講義スライド

（横浜市立大学精神医学教室　宮崎秀仁）

「不適切な保育」への対策強化

Check
□不適切な保育・教育とは何か？
□不適切な関わりを無くすにはどうするべきか？

☑不適切な保育・教育とは何か？

近年、保育現場や教育現場などの子どもを取り巻く環境において、「不適切な保育」が社会問題となっています。子どもへの不適切な保育とは、①子ども一人一人の人格を尊重しない関わり、②物事を強要するような関わり・脅迫的な言葉がけ、③罰を与える・乱暴な関わり、④子ども一人一人の育ちや家庭環境への配慮に欠ける関わり、⑤差別的な関わりなど、子どもの権利の尊重の観点に照らし、改善を要すると判断される行為のこととされています。

しかしながら、明確な判断基準をもつことは難しいのが実情です。子どもへの暴行や虐待といった目に見えて不適切とわかる行為だけでなく、指導のつもりで行われる叱責や懲

「不適切保育に関する対応についての調査研究」について
（厚生労働省）

罰、これまでは躾や指導という名目で肯定されてきた教育方法や言動についても見直さなければなりません。また、直接的な言動や関わりに限らず、子どもの安全や尊厳を脅かすような日常的な保育や教育内容、規則やルール、指導の方法や生活環境など、子どもの権利の尊重の観点から不適切である場合もあります。非常に複雑な問題であり、早急な対策や解決が求められています。

２０２３年４月に発足したこども家庭庁は、自治体等に対して、２０２２年４月～12月の「不適切な保育」（子ども一人一人の人格を尊重しない関わりなど五つの類型に該当する行為〔※前述〕）を調査したところ、保育所（２２７２０施設）については、市町村で当該行為が疑われるとして事実確認を行ったのは１４９２件にのぼりました。保育所以外の子どもを取り巻く環境や、判断が難しいという側面も考慮すると、上記の結果はこの問題における氷山の一角であるといえるでしょう。早急な対策が必要とされながらも、それぞれの現場の伝統や慣例、多様な現場や人たちの様々な価値観、組織の理念や個人的な経験則、変化に否定的な組織体質など、多くの要素が複雑に絡み合っているため、対策を講じながらも問題の解決に至っていない現状です。「不適切な保育」が社会問題となり、事業者や関係者はコンプライアンスの重要性を認識し、社会的な信用を守るためにも、明確な基準を求

【こども家庭庁からの情報提供】昨年来の保育所等における不適切事案を踏まえた今後の対策について（全国私立保育連盟ホームページ）

めつつ対策を取る動きが広まっていますが、この問題の本質は「子どもの権利が尊重されていない現状」であり、目的は「子どもの権利が尊重されること」であることを理解することが必要です。

同年、こども基本法が施行されました。この法律は、児童の権利に関する条約に基づき、子どもの権利を明記しています。子どもの権利の尊重と福祉の増進を目指す法律であり、社会全体で子どもの権利を深く理解し、最善の利益を追求する社会を築くことが求められています。子どもの権利についての理解を深め、この問題の解決には社会全体で取り組んでいかなければなりません。

不適切な関わりを無くすにはどうするべきか？

子ども家庭庁では、不適切保育や虐待の未然防止に向け、虐待等の防止及び発生時の対応等に関するガイドラインの策定、児童福祉法の改正による制度的対応の検討、虐待等の未然防止に向けた保育現場の負担軽減と巡回支援の強化を行うとしています（2023年5月12日付通知「昨年来の保育所等における不適切事案を踏まえた今後の対策について」参照）。研修や人権擁護のためのセルフチェックリスト（全国保育士会発行）などを活用して、不適切な行為の判断基準を整理し、不適切とならない方法を身に付け予防に取り組むことが重要です。また、各自治体や組織でも、独自にガイドラインやチェックリストを作成し問題解決に取り組んでいるため、関係機関と連携することも必要です。

しかし、子どもの権利の理解や資質の向上、業務改善などによる負担軽減が重要である一方で、この問題を個人の資質や現場の余裕のなさだけの責任にしてしまわないよう留意が必要です。現在、一般的に「教育」と「子どもの権利」は切り離された概念として扱われており、この誤った認識がこの問題をより深刻にしているといえます。全ての子どもに対する取組は、子どもの権利の尊重が保障され、子どもの最善の利益を追求することが基本となります。教育は「子どもの教育を受ける権利を保障するもの」であり、保育は「子どもの育つ権利を保障するもの」です。文部科学省も、学校教育と子どもの権利の関係について、「軌を一にするもの」としています（1996年5月20日「児童の権利に関する条約」について（通知））。

個々の資質向上や、現場の業務改善、制度の改革など、全ての取組が「不適切な保育を無くす」だけでなく、保育や教育を「子どもの権利を尊重するための手段である」という観点から、個人や組織の価値観を見直し、新たな視点から教育や保育の取組を刷新していく必要があります。

（保育士・元放課後支援員　きしもとたかひろ）

教職員によるセクハラ・アカハラ問題の実態

Check
□ハラスメントはどのようにして可視化されるのか？
□ハラスメント対応の要点は何か？

☑ハラスメントはどのようにして可視化されるのか？

英語でハラスメント（harassment）は嫌がらせや迷惑行為の意味です。セクシャルハラスメント（性的嫌がらせ）、パワーハラスメント（優越的地位を利用した嫌がらせ）、モラルハラスメント（言葉や態度による非道徳的な嫌がらせ）、マタニティハラスメント（妊娠・出産を理由とした解雇や嫌がらせ）などがあります。

小学校から大学までの学校教育の現場で対応すべきハラスメントは、①教職員が生徒に対して行う性的嫌がらせや非教育的な言動によって生徒が心身共に傷つく事態、②教職員が職場の人間関係において嫌がらせを受け、通常の職務が遂行できなくなる事態の二つが主に考えられます。①は小児性愛的指向性のあるものによる児童への危害、生徒への性的

8　ハラスメントの防止措置の実施状況（都道府県・指定都市・市区町村教育委員会等）（令和４年６月１日現在）（文部科学省「令和３年度公立学校教職員の人事行政状況調査について」）

接触が主な性的嫌がらせになりますし、生徒の能力の無さを皆の面前であざけったり、部活動の指導において暴言や暴力を行使したりすることなども典型的なハラスメントになります。②は職場におけるハラスメント一般であり、学校組織も例外にはなりません。

さて、問題は、ハラスメントが生じていたとしても、被害者もしくは第三者がそのことを指摘し、学校組織で問題化し、責任をもった対応を取らない限り、個人でいくら悩んでいる人がいたとしても社会的にはなかったことになるということです。そのために、被害を受けた児童生徒や教職員がそのことを相談できる窓口が必要です。

数百人規模の小学校から高等学校では、ハラスメント相談室はもちろんのことハラスメント相談に担当教職員を置いているところはほとんどありません。児童の場合は担任教員が児童の様子に気を付けてみておくことや、生徒がスクールカウンセラーに相談するようなケースが考えられます。しかし、当の担任教員が加害者だったり、あるいは生徒同士でハラスメント行為が行われ、そのことを学校に知らせることに強い心理的なプレッシャーが与えられていたりするような場合は、事件化しない限りなかなか表面化しないものです。

ですから、「先生や先輩が嫌なことをした」という訴えを他の教師や保護者にしていいのだと、児童や生徒に教えておくことが必要です。自分一人で抱え込んで、自傷行為に追い込まないように悩みは人に話すことで解決していくのだとも教えてあげてください。

教職員の場合は、新任教諭であっても一人前の教師の働きが求められ、サバイバルできるようになるまでなかなか辛い組織です。教育経験による力量の差や声の大きさによる人間関係なども複雑で、仕事の仕方や校務の分担をめぐって人間葛藤もあるでしょう。しかも、教育委員会や保護者からの欲求水準はあがるばかりで、ベテラン教諭や子育て中の女性教諭も理想的な教育ができずに悩んでいるかもしれません。管理職は悩んでいる教諭に、心が折れる前に弱音を吐いてもいいのだとアドバイスしておくことが重要ですね。

✔ハラスメント対応の要点は何か?

ハラスメントの可視化を三つのステップで行います。

1 啓発

ハラスメント発生の可能性を認め、対応可能であると児童・生徒、教職員に伝えます。学校は聖域、教員は聖職ではありません。児童・生徒・保護者もまた人間であり、いじめや嫌がらせもします。ハラスメントの根絶ではなく、対応することを目標にします。

2 相談

可視化の最大のポイントは相談を受ける窓口・人を用意しておくことです。養護教諭やスクールカウンセラーがキーパーソンになる学校もあるでしょう。教職員間の葛藤には管理職が職責で介入し、問題の解決の方向性を示す必要があります。

3 調整

ハラスメントには加害―被害の構造があります。相談者は通常は被害者になり、加害相当とされた教職員や生徒には懲戒を含む対応が求められます。公平な視点で関われる第三者を入れた上で、問題を把握する委員会を設置し、被害者には安全確保（保護者対応を含む）と心理的対応、加害者には自覚を促す研修参加などの対応を組織的に行うことが重要です。

（北海道大学　櫻井義秀）

参考文献

・櫻井義秀・上田絵理・木村純一・佐藤直弘・柿﨑真実子『大学のハラスメント相談室―ハラスメントと向き合うすべての人へ』北海道大学出版会、2023

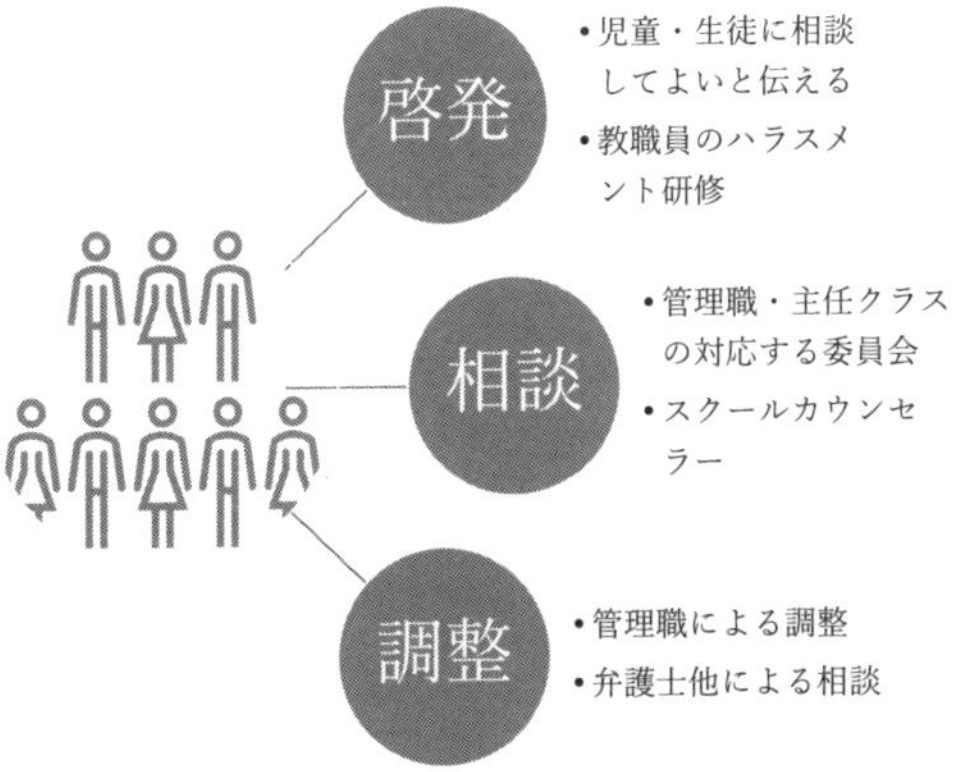

ハラスメント可視化の３つのステップ

通常の学級に在籍する障害のある児童生徒に関する調査結果と支援

Check
□調査結果をどう読み解くことができるか？
□調査結果の詳細と求められる支援とは？

☑調査結果をどう読み解くことができるか？

本調査は、前回（2012年）と対象地域や質問項目等が一部異なるため単純に比較することはできませんが、「学習面又は行動面で著しい困難を示す」とされた児童生徒数の割合が前回より増えました。小・中学校段階における推定値は、8.8％であり、前回の6.5％より2.3ポイント上昇しています。義務教育段階において通級による指導を受ける児童生徒の数が10年で約2.5倍に増加したことを踏まえれば、驚く数字ではないものと考えられます。

本調査は、発達障害のある児童生徒数の割合や知的発達に遅れがある児童生徒数の割合を推定するものではなく、学習面や行動面で著しい困難を示すとされた児童生徒数の割合を推定している調査です。そのため、増加の理由特定は困難ですが、通常の学級の担任を含む教師や保護者の特別支援教育に関する理解が進み、今まで見過ごされてきた困難のある子どもたちにより目を向けるようになったことが一つの理由として考えられます。そのほか、有識者会議における本調査結果に対する考察は、次のように示しました。

子供たちの生活習慣や取り巻く環境の変化により、普段から1日1時間以上テレビゲームをする児童生徒数の割合が増加傾向にあることや新聞を読んでいる児童生徒数の割合が減少傾向にあることなど言葉や文字に触れる機会が減少していること、インターネットやスマートフォンが身近になったことなど対面での会話が減少傾向にあることや体験活動の減少などの影響も可能性として考えられる。

令和４年	小学校・中学校	高等学校※1
学習面又は行動面で著しい困難を示す	**8.8%**	**2.2%**
学習面で著しい困難を示す	**6.5%**	**1.3%**
「聞く」又は「話す」に著しい困難を示す	2.5%	0.5%
「読む」又は「書く」に著しい困難を示す	3.5%	0.6%
「計算する」又は「推論する」に著しい困難を示す	3.4%	0.6%
行動面で著しい困難を示す	**4.7%**	**1.4%**
「不注意」又は「多動性－衝動性」の問題を著しく示す	**4.0%**	**1.0%**
「不注意」の問題を著しく示す	3.6%	0.9%
「多動性－衝動性」の問題を著しく示す	1.6%	0.2%
「対人関係やこだわり等」の問題を著しく示す	**1.7%**	**0.5%**
学習面と行動面ともに著しい困難を示す	**2.3%**	**0.5%**

※１高等学校については，令和４年のみ

児童生徒の困難の状況

出典：通常の学級に在籍する障害のある児童生徒への支援の在り方に関する検討会議（第６回）会議資料「【資料２】通常の学級に在籍する特別な教育的支援を必要とする児童生徒に関する調査結果について」（文部科学省）

通常の学級に在籍する特別な教育的支援を必要とする児童生徒に関する調査結果（令和４年）について（文部科学省，2022年12月13日）

☑ 調査結果の詳細と求められる支援とは？

調査報告（上部ＱＲコードより参照可能）を詳しくみますと、学年別の推定値があります。

小学校第１学年は12・０％、第２学年は12・４％、第３学年は11・０％の推定値となっています。そして、学年が上がるにつれて、学習面、各行動面で著しい困難を示すとされた児童生徒数の割合は低くなる傾向であることがわかります。このことは、小学校現場にいる私の実感とも大きく違わず、現実的な数値を本調査の結果は示していると感じています。

また、今回の調査からは、高等学校まで調査対象が広がりました。高等学校の第１学年においては、中学校の第３学年よりもさらに困難を示す生徒の割合が減少しています。なお、高等学校については、入学に際して入学者選抜が実施されていることや全

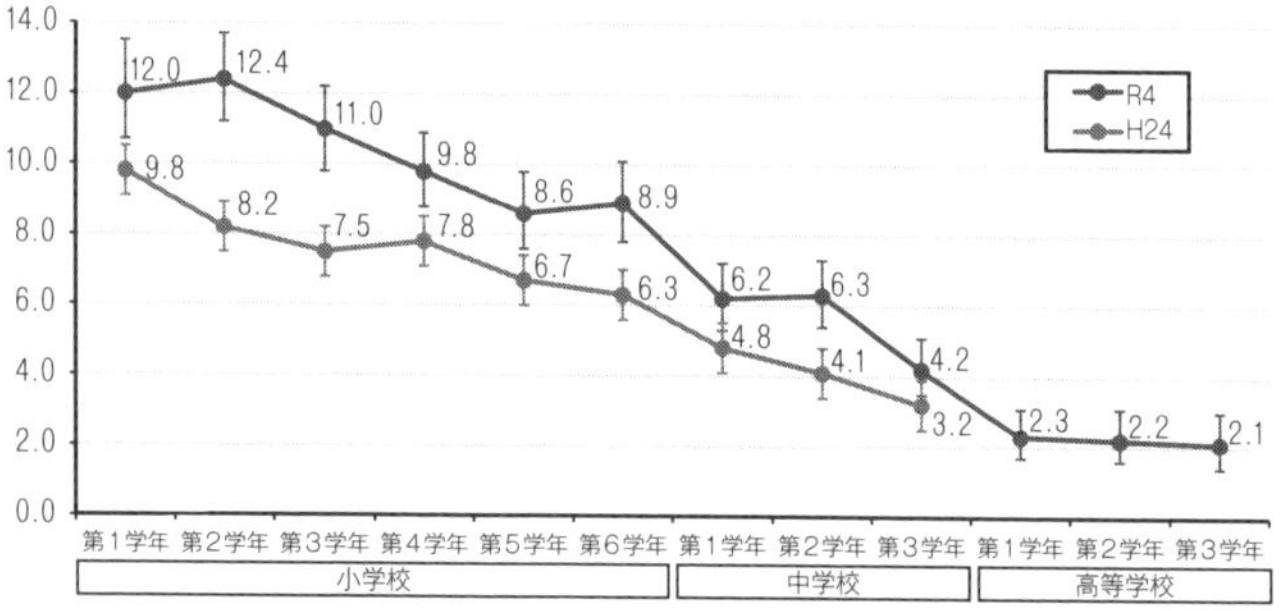

「学習面又は行動面で著しい困難を示す」とされた児童生徒の学年別の推移

通常の学級に在籍する障害のある児童生徒への支援の在り方に関する検討会議（第６回）会議資料「【資料２】通常の学級に在籍する特別な教育的支援を必要とする児童生徒に関する調査結果について」（文部科学省）を加工して作成

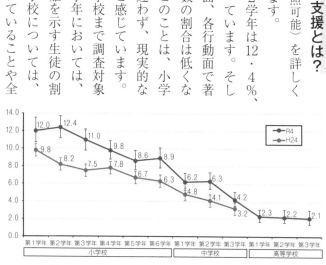

通常の学級に在籍する障害のある児童生徒への支援の在り方に関する検討会議（第６回）会議資料（文部科学省，2022年12月16日）

日制・定時制・通信制といった課程があることから、小学校・中学校とは切り分けて考える必要があります。

学習面又は行動面で著しい困難を示す児童生徒のうち、校内委員会において特別な教育的支援が必要と判断されている割合は、28・7％（前回は18・4％）です。必要と判断されていない児童生徒については、校内委員会での検討が十分でない可能性も考えられます。

各校において、管理職によるリーダーシップの下、特別支援教育コーディネーターを核として全教職員で特別な教育的支援を必要としている児童生徒に対して必要な支援がなされるよう、校内支援体制の構築とさらなる充実を図ることが重要と考えます。

（東京都品川区立第一日野小学校　大関浩仁）

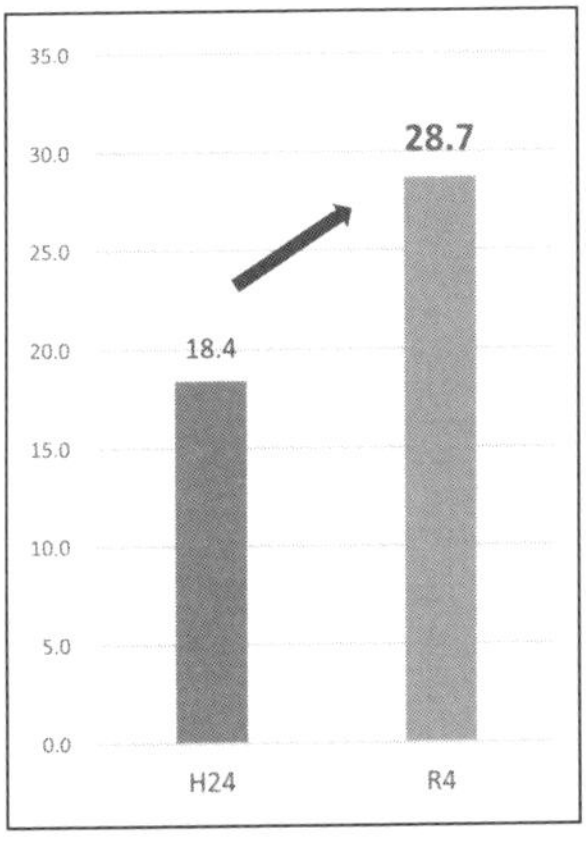

校内委員会において，現在，特別な教育的支援が必要と判断されている割合

通常の学級に在籍する障害のある児童生徒への支援の在り方に関する検討会議（第６回）会議資料「【資料2】通常の学級に在籍する特別な教育的支援を必要とする児童生徒に関する調査結果について」（文部科学省）より一部加工

通級による指導を受ける児童生徒数の増加と人材確保

Check
□通級による指導を受ける児童生徒数はなぜ増えているのか？
□通級担当者の専門性向上と人材確保はどのように進めるか？

☑通級による指導を受ける児童生徒数はなぜ増えているのか？

文部科学省が毎年実施している「通級による指導実施状況調査」によれば、令和3年度に通級による指導を受けている児童生徒数は18万3879名であり、前年度の16万4697名から19182名増加しています。義務教育段階の児童生徒数は年々減少する一方で、発達障害等があり、通級による指導を受ける児童生徒数は年々増加の一途をたどり、この4年間で1.5倍となっています。また、文部科学省が2022年12月13日に公表した「通常の学級に在籍する特別な教育的支援を必要とする児童生徒に関する調査結果」では、「学習面又は行動面で著しい困難を示す」とされた児童生徒の割合が、小学校・中学校では8.8％と報告されています。そのうち通級による指導を受けている児童生徒の割合は、小学

通常の学級に在籍する特別な教育的支援を必要とする児童生徒に関する調査結果（令和４年）について
（文部科学省，2022年12月13日）

校・中学校においては推定値10・6％であり、前回の調査（２０１２年）の3.9％から大きく増えています。

中央教育審議会「共生社会の形成に向けたインクルーシブ教育システム構築のための特別支援教育の推進（報告）」（２０１２年）では、「同じ場で共に学ぶことを追求するとともに、個別の教育的ニーズのある幼児児童生徒に対して、自立と社会参加を見据えて、その時点で教育的ニーズに最も的確に応える指導を提供できる、多様で柔軟な仕組みを整備することが重要である。小・中学校における通常の学級、通級による指導、特別支援学級、特別支援学校といった、連続性のある『多様な学びの場』を用意しておくことが必要である。」と示されています。

通級による指導の対象は、通常の学級での学習におおむね参加でき、一部特別な指導を必要とする程度のものとされています。通級による指導は通常の教育課程に加えるあるいはその一部に替える等して特別の教育課程による教育を行う制度であり、通常の学級で教育を受けることを基本としています。通級による指導が通常の学級において特別な教育的ニーズのある児童生徒のための制度であることの理解が、学校現場や保護者等に進んできていることも児童生徒数の増加の大きな背景にあると思われます。

共生社会の形成に向けたインクルーシブ教育システム構築のための特別支援教育の推進（報告）（文部科学省，2012年7月23日）

☑ 通級担当者の専門性向上と人材確保はどのように進めるか？

先に挙げた中央教育審議会報告には、「特別支援学級や通級による指導の担当教員は、特別支援教育の重要な担い手であり、その専門性が校内の他の教員に与える影響も極めて大きい。このため、専門的な研修の受講等により、担当教員としての専門性を早急に担保するとともに、その後も研修を通じた専門性の向上を図ることが必要である。」と述べられています。

通級担当者は、専門的な知識を有する立場から校内委員会に参加したり、通常の学級を巡回したりして、通常の学級の担任等に対して特別支援教育に関する助言を行うとともに、特別支援教育コーディネーターと連携し、校内の特別支援教育推進のキーパーソンとしての役割を担うことが期待されます。通級担当者には特別支援教育の知識を通常の学級における指導・支援の実践に活かすことができる力量が求められます。教職経験がある程度あり、学校教育の仕組みがわかっている教員を配置することが望まれます。

専門性のある人材の確保のためには、小学校、中学校、高等学校と特別支援学校の人事交流や、小学校、中学校、高等学校において特別支援学級や通級による指導を経験する機会を積極的に設けるなど多くの教員が知識と実践を積み上げていけるようにします。

通級担当者には、児童生徒の指導、担任等へのコンサルテーション、保護者への支援と関係機関との連携に関する専門性などが重要になります。児童生徒の指導は、セルフアドボカシー（自己権利擁護）の視点から、必要な支援を自ら求め、働きかけていくことができるように自己選択、自己決定する力をつけていきます。コンサルテーションでは、担任等が特別支援教育の視点をもち集団指導と個に応じた指導・支援が行えるようにします。保護者への子育て支援では、孤立感への支援、正しい理解と子どもとの信頼関係への支援、学校関係者との連携・協働関係の構築への支援などが重要です。関係機関との連携・協働では、児童生徒や保護者との信頼関係を前提に、関係者が共通理解した上で、支援を協働していくという連携の目的と内容を明確にしておくことが重要です。

自治体における研修では、受講者のニーズを把握すること、受講者の経験に応じた内容を検討すること、講義形式よりもワークショップやグループ協議、事例検討などの参加体験型、課題解決型の形式を多く取り入れるようにします。特に、通級担当者同士の情報共有だけでなく、指導を受けている学級担任等が参加したり、関係機関の支援者も交えたりする具体的な事例を通した研修を重ねることが実践力を高めていくことになります。

（常葉大学　笹森洋樹）

インクルーシブな学校運営モデルの創設

Check
□日本におけるインクルーシブ教育システムとは?
□インクルーシブな学校運営モデルとは?

☑日本におけるインクルーシブ教育システムとは?

日本は２０１４年に批准した障害者権利条約を踏まえ、インクルーシブ教育システムの構築を目指してきました。２０１２年の文部科学省「共生社会の形成に向けたインクルーシブ教育システム構築のための特別支援教育の推進（報告）」においては、日本におけるインクルーシブ教育システムでは、可能な限り障害のある者とない者が共に学ぶことを目指しつつ、個別の教育的ニーズに応じるために、通常の学級、通級による指導、特別支援学級、特別支援学校といった連続性のある「多様な学びの場」を用意しておく方針が示されています。特別支援学級や特別支援学校に在籍している児童生徒についても、「交流及び共同学習」として、可能な限り通常の学校、通常の学級と共に学ぶ機会をつくることと共生社会の形成に向けたインクルーシブ教育システム構築のための特別支援教育の推進（報告）（文部科学省，2012年7月23日）

されています。また、通常の学級においても多様な子どもが学ぶことを前提として学校設備や人的配置を整えておく基礎的環境整備と個々のニーズに応じた合理的配慮の提供が必要とされています。一方で、交流及び共同学習の実態としては、たとえば通常の学校で特別支援学校と学校間交流をしている学校は2、3割のみであり、さらにその頻度も年に2、3回のみと、限定的な機会であることが調査で明らかになっています。さらに、「可能な限り共に学ぶ」方針を示してきた一方、令和5年度の学校基本調査においては、特別支援学校の在籍者数は過去最多でした。

このような実態を踏まえ、2022年には障害者権利条約を踏まえた日本の状況について、国連より審査がなされ、日本政府は、障害のある子どものインクルーシブ教育の権利を保障するべき、と勧告されました。また、通常の学校が障害のある子どもの在籍を拒否できない政策を導入するべきと指摘されています。

☑ インクルーシブな学校運営モデルとは？

これまでのインクルーシブ教育システムの課題と国連の課題を踏まえ、2023年3月に「通常の学級に在籍する障害のある児童生徒への支援の在り方に関する検討会議」の報告（以下、本報告とする）が文部科学省から発表されました。本報告においては、今後の日

Theme 10 多様性

障害のある児童生徒との交流及び共同学習等　実施状況調査結果（文部科学省，2017年９月28日）

本におけるインクルーシブ教育システムの方針を四つの柱にて示しています（下図）。一つ目は校内支援体制の充実、二つ目は通級による指導の充実、三つ目は特別支援学校のセンター的機能の充実、そして四つ目がインクルーシブな学校運営モデルの創設です。本項では四つ目について詳細を紹介します。

本報告では特別支援学校の立地場所も影響し、障害のある子どもとない子どもが共に学ぶことが難しいことが指摘されています。可能な限り共に学ぶことをより推進するために、「障害のある児童生徒と障害のない児童生徒が交流及び共同学習を発展的に進め、一緒に教育を受ける状況と、柔軟な教育課程及び指導体制の実現を目指し、特別支援学校を含めた２校以上で連携

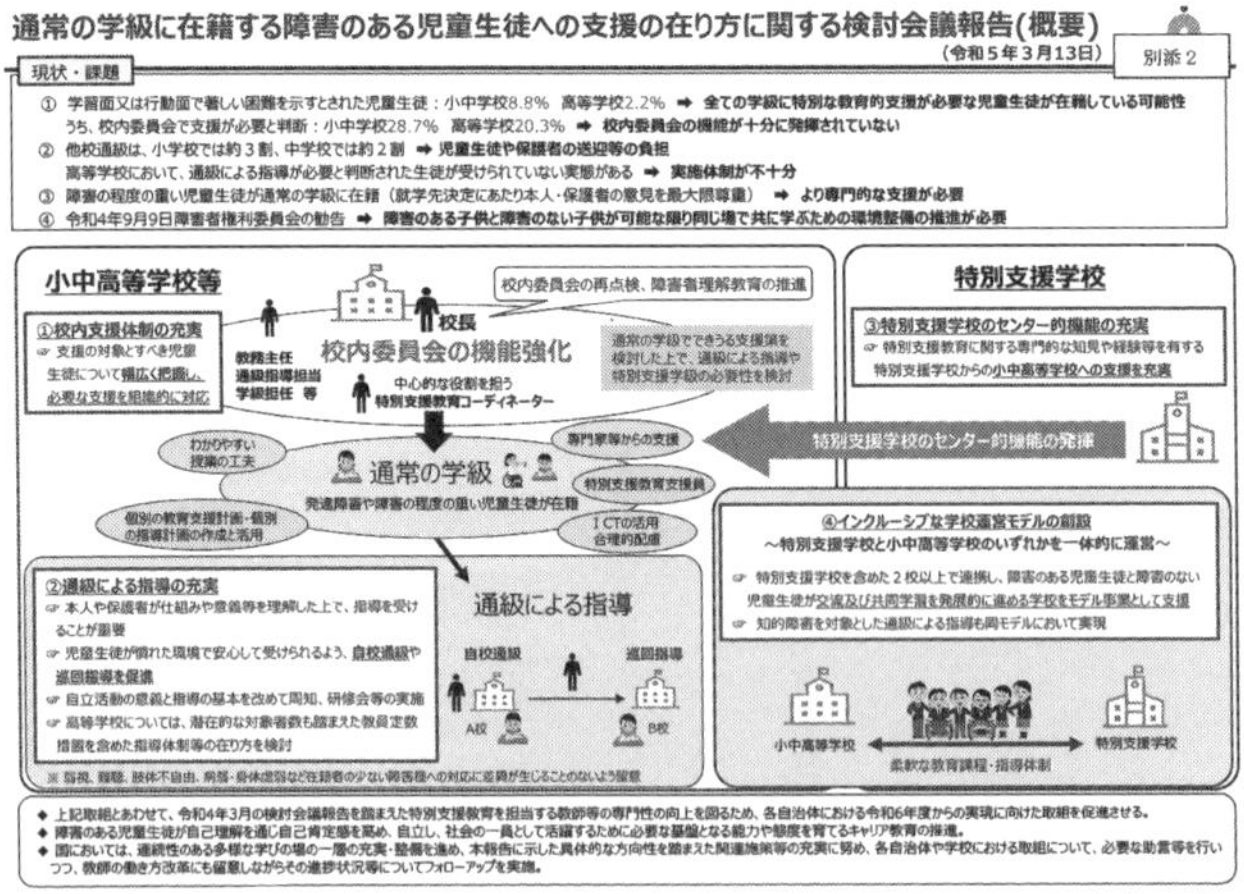

出典：「通常の学級に在籍する障害のある児童生徒への支援の在り方に関する検討会議報告（概要）」（文部科学省）

通常の学級に在籍する障害のある児童生徒への支援の在り方に関する検討会議報告（文部科学省，2023年３月13日）

しそれぞれの学校が有する教育効果を高め合いながら取り組もうとする教育委員会及び学校をモデル事業として支援することにより、一つの新たな可能性を示すべき」と記載されています。現在は、通常の学校において特別支援学校と同等の支援を得ることや、通常の学級において、特別支援学級と同じ支援を得ることが困難な状況にあります。つまり、「可能な限り共に学ぶ」としつつも、一方で「個別の教育的ニーズに合った教育」のためには、特別支援学校や特別支援学級を選択せざるを得ない状況があります。この問題を解決するためには、通常の学級においても柔軟に個々のニーズに応じたカリキュラム編成を可能にしたり、通常の学級における指導体制を見直したりする必要があります。「インクルーシブな学校運営モデル」においては、特別支援学校と地域の小中高等学校のいずれかを共に運営することにより、教職員や子どもたちが柔軟に学校間を行き来することを通して、障害のある子どもとない子どもが共に学ぶために必要な教育課程の在り方や指導体制を明らかにすることができるでしょう。さらにこのモデルを通じて、これまでの特別支援学校で培ってきた専門性を、通常の学校、特に通常の学級に融合させることにより、新たにインクルーシブ教育の専門性が体系化されることを期待します。

（一般社団法人 UNIVA　野口晃菜）

外国人の子供の就学状況と課題

Check
□ 外国人の子供の不就学問題とは?
□ 外国人の子供の不就学を無くしていくには?

✓ 外国人の子供の不就学問題とは?

外国人の子供の就学状況については、2019年に文部科学省によって初めての全国調査が着手されました。日本に在籍する外国人の子供のうち約2万人が不就学の可能性があることが明らかになり、マスコミでも大きく報じられました。特に問題とされたのが、不就学の外国人の子供数の大きさとともに、市町村教育委員会の多くが不就学にある子供すら把握できていないという事実でした。2020年には、本調査を受けて「外国人の子供の就学促進及び就学状況の把握等に関する指針」が文部科学省から出され、2021年には第2回、2022年には第3回の全国調査が実施されています。

これらの調査結果によれば、次頁の表にあるように、外国人の子供の人数(住民基本台

報道発表：「外国人の子供の就学状況等調査（令和３年度）」の結果について（文部科学省，2022年３月25日）

帳上の人数）は増加傾向にありますが、不就学の可能性がある外国人の子供の数となると、１９４７１人（第1回）、１００４６人（第2回）、８１８３人（第3回）と調査ごとに大きく減少しています。このような改善がみられた背景には、全国調査による実数把握がはじめられたこと、前述の指針を契機に就学状況の把握等の取組が進んだことなどが挙げられます。たとえば、外国人の子供の在籍する地方自治体において、学齢相当の外国人の子供についての学齢簿を作成していない自治体数、及び、就学案内を送付していない自治体数をみると、第１回調査と指針発表を経た第2回調査において大きな改善がみられています。

２０１８年に入管法が改正されて以来、平成の30年間は、外国人の子供に対する日本語教育や受け入れ体制の充実など対症療法的な政策が進められてきました。それが、懸案であった不就学問題にようやく手が付けられ、改善の兆しが見えはじめた

	第１回	第２回	第３回
外国人の子供の人数	123,830	133,310	136,923
不就学の可能性がある外国人の子供数	19,471	10,046	8,183
学齢簿を作成していない地方自治体数	64(5.3%)	4(0.3%)	5(0.4%)
就学案内を送付していない地方自治体数	249(20.8%)	171(14.1%)	172(13.9%)

外国人の子供の就学状況と就学促進

報道発表：調査の結果，不就学と考えられる外国人の子供の数が8,183人であることが明らかとなりました（令和４年度 外国人の子供の就学状況等調査）（文部科学省，2023年４月22日）

のです。しかし、依然としてこれだけの数の外国人の子供たちが、不就学の可能性があったり、就学状況が確認できていなかったりする状況が続いています。これから日本社会で生きていく学齢期の子供たちが、十分な教育を受けないまま社会の構成員になっていくという事実は、きわめて重く受け止めなければならないでしょう。

☑ 外国人の子供の不就学を無くしていくには？

人口減少社会を背景とした２０１８年の入管法改正は、人手不足の職種にまで外国人労働者を受け入れる大きな見直しで、新型コロナ収束後にはいっそうの外国人の増加が見込まれる「移民時代」の到来を告げるものとなりました。この入管法の改正を受けて、令和の初めに全国調査が実施されるようになり、不就学問題は新たなフェーズを迎えたといえます。

では、外国人の子供の不就学問題をどのように解決していけばよいのでしょうか。

前述の指針では、地方公共団体が講ずべき事項として、学齢簿の編制にあたり外国人の子供についても一体的に就学状況を管理・把握すること、また、外国人の子供が就学の機会を逸することがないように就学案内等を徹底することなどが提言されています。引き続き、電話や訪問による個別確認を含めた的確な就学状況把握の下での学齢簿の編制を進め

外国人の子供の就学促進及び就学状況の把握等に関する指針（文部科学省，2020年7月1日）

たり、多言語できめ細かい情報の提供や共有による就学の案内や勧奨など就学促進のための取組を推進したりしていくことが必要であるでしょう。

しかし、不就学問題を生み出している原因の根幹には、外国人が義務教育の対象外となっていることがあります。外国人は国民でないため就学義務はなく、希望すれば恩恵として就学が許されるという処遇に置かれているのです。現状では外国人の保護者に就学義務がないため、自治体によって取組はばらばらです。一方で、学齢期の子供が学校に通うことができていない現状は、外国人だからといって許されるものではありません。国際人権規約や子どもの権利条約などの国際法においても、学齢期の全ての子供に対する教育権の保障が謳われています。何らかの義務を外国人の子供の保護者に対しても課すなど、法律や制度レベルでの根本的な改善を真剣に議論していく時期になったといえます。

移民時代を迎えた今、不就学問題は新たなステージを迎えています。対症療法的な対策ではなく、全ての子供の教育を受ける権利を保障し、日本社会で共に生きていく市民の育成を目指した抜本的な改革が求められているのです。

（法政大学　松尾知明）

LGBT理解増進と学校教育

Check
□多様な性とは?
□多様な性と学校教育の関係とは?

☑多様な性とは?

人にはそれぞれ「セクシュアリティ」という性の在り方があります。セクシュアリティは、主に次の四つの要素から成り立つといわれています。

・性自認：自分の性別をどのように認識しているか。
・からだの性：外性器・内性器・性染色体・性ホルモンなどといったからだのつくり。女性にも男性にも様々なからだの状態がある。
・性的指向：どのような性別の人が恋愛や性愛の対象になるかならないか。
・表現する性：どのような服装・振る舞い・言葉遣い等をするか。

性的指向（Sexual Orientation）と性自認（Gender Identity）の頭文字をとって「ＳＯＧＩ」

ともいい、ＳＯＧＩが少数派とされる人たちをセクシュアルマイノリティ、多数派とされる人たちをセクシュアルマジョリティといいます。セクシュアルマイノリティには、たとえば次のような人があてはまります。

・レズビアン：性自認が女性で、性的指向も女性という人。
・ゲイ：性自認が男性で、性的指向も男性という人。
・バイセクシュアル：性的指向が女性と男性あるいは同性と異性という人。
・トランスジェンダー：性自認と出生時のからだの性をもとに割り当てられた性が異なる人。

これらのセクシュアリティの頭文字をとった「ＬＧＢＴ」は、セクシュアルマイノリティの総称の一つです。これに、同じくセクシュアルマイノリティの総称の一つである「クィア」やセクシュアリティを決定づけていない人である「クエスチョニング」の「Ｑ」をつけて「ＬＧＢＴＱ」ということもあります。

一方、セクシュアルマジョリティとは、次の両方にあてはまる人をいいます。

・シスジェンダー：性自認と出生時のからだの性をもとに割り当てられた性が一致する人。
・ヘテロセクシュアル：性的指向が異性の人。

性的マイノリティに関する施策（文部科学省）

多様な性と学校教育の関係とは？

学校教育において多様な性に注目が集まるようになったのは2010年代のことです。2010年、文部科学省は「児童生徒が抱える問題に対しての教育相談の徹底について」の中で性同一性障害について取り上げました。2012年には内閣府が「自殺総合対策大綱」で、自殺のハイリスク層である「性的マイノリティについて（中略）教職員の理解を促進する」としました。2014年には文部科学省が「学校における性同一性障害に係る対応に関する状況調査」を公表、全国で606件の対応事例があることがわかりました。文部科学省はさらに、2015年に「性同一性障害に係る児童生徒に対するきめ細かな対応の実施等について」、2016年に「性同一性障害や性的指向・性自認に係る、児童生徒に対するきめ細かな対応等の実施について」を立て続けに通知しました。2017年の「いじめ防止等のための基本的な方針」と2023年の「生徒指導提要」の改訂でも多様な性について記載されるようになったことは注目すべきでしょう。現在では教科書にも多様な性について掲載されるようになり、学校が取り組まなければいけない課題の一つになっています。

実際に、セクシュアルマイノリティの子どもたちは、就学前から思春期である中高生に

Ally Teacher's School　先生のためのLGBTに関するオンライン情報センター（認定NPO法人ReBit）

かけて、セクシュアリティの悩み、ひいてはアイデンティティの悩みに直面しています。いじめのハイリスク層でもあり、不登校を経験する人も少なくありません。学校を、どのようなセクシュアリティの子どもも安心して自分らしくいられる環境にすることは、命のためにも、教育の機会を保障するためにも、大切なのです。そこでポイントとなるのが「アライ」の存在です。アライとはセクシュアルマイノリティの理解者・支援者・味方のことをいいます。教職員・保護者などの大人はもちろん、子どもたちもアライになることは可能です。そのためには正しい知識を身に付ける必要があります。学校の中で多様な性について学習する機会をつくり、自分の意思でセクシュアリティを打ち明ける「カミングアウト」への対応、本人の同意なくセクシュアリティを暴露する「アウティング」の防止などについて、大人も子どもも適切に対処できるようにしておくとよいでしょう。

なお２０２３年に成立したいわゆる「ＬＧＢＴ理解増進法」においても学校は「家庭及び地域住民その他の関係者の協力を得つつ、教育又は啓発、教育環境の整備、相談の機会の確保等を行う」こととされており、文部科学省も「引き続き適切に対応する」よう通知しています。セクシュアリティに関係なく、全ての子どもがありのままで大人になれる社会のために、今、学校の役割が期待されています。

（認定ＮＰＯ法人ReBit　小川奈津己）

公教育における非認知能力の育成

Check
□ 非認知能力とは何か?
□ 非認知能力を育成していくためには?

☑ 非認知能力とは何か?

近年、非認知能力という言葉をよく耳にします。この言葉は「非」すなわち「ではない」という意味からはじまり、その後に認知能力という広い範囲を指す言葉を伴います。

20世紀はじめに知能検査が開発され社会の中で広まったことで、知能をはじめとする認知能力の重要性が強調されるようになりました。そして知能検査によって測定される知能の高さは、将来の学校における学業成績、学歴、収入、心身の健康、そして寿命にまで影響を及ぼすことが研究の中で報告されるようになります。すると、教育や養育の中で、知能を伸ばしていこうとする実践が試みられるようになるのも自然な流れです。

その試みの一つが、1962年からミシガン州イプシランティ市のペリー小学校ではじ

家庭，学校，地域社会における社会情動的スキルの育成
（OECD，2015：日本語版ベネッセ教育総合研究所，2015）

められた、ペリー就学前計画と呼ばれるプロジェクトでした。介入の対象となったのは貧困層の子どもたちであり、ランダムに二つのグループに分けられた後、片方のグループには特別な教育プログラムが施されました。その後の追跡調査から、特別なプログラムに参加した子どもたちは成人期において犯罪に手を染める確率が低く、収入が高く、心身の健康も良好であることが示されています。しかし知能に関しては、途中までは向上が見込まれたもののその後は効果が失われたことから、良好な社会的な結果は知能の向上ではなくその他の要素が重要だと考えられるようになりました。

経済協力開発機構（ＯＥＣＤ）はこの要素のことを社会情動的スキルと呼び、国立教育政策研究所の報告では社会情緒的コンピテンスと呼んでいます。また、海外では非認知スキルと呼ばれる場面も多いといえます。様々な呼ばれ方をしているものの、これらには共通した定義があります。すなわち非認知能力とは、以下の四つの条件をみたす心理的な特性を指す言葉です。第一に収入や幸福感など、何らかの良好な社会的結果を予測すること、第二に何らかの形で測定が可能であること、第三に教育や社会への投資などによって変容可能であること、そして第四に知能検査や学力試験で測定されるもの以外であることです。

非認知的（社会情緒的）能力の発達と科学的検討手法についての研究に関する報告書（国立教育政策研究所，2017年3月）

非認知能力を育成していくためには？

非認知能力には、知能検査や学力試験で測定されるもの以外の、多様なスキルや能力、性格特性といった広汎な心理概念が含まれます。たとえば『非認知能力：概念・測定と教育の可能性』（小塩編、北大路書房、２０２１）では、先に示した非認知能力の定義を満たす15の心理概念を取り上げています。ここで取り上げた心理概念は、いずれも何らかの介入（臨床的な介入や教育的な介入）による効果が検討されています。何らかの形で教育の中に活かすことは可能だといえるでしょう。

ただし、何らかの介入によって非認知能力の向上を目指す場合にはいくつかの留意すべきポイントがあります。

第一に効果の大きさです。これらの心理概念へ

1．**誠実性**：課題にしっかりと取り組むパーソナリティ
2．**グリット**：困難な目標への情熱と粘り強さ
3．**自己制御・自己コントロール**：目標の達成に向けて自分を律する力
4．**好奇心**：新たな知識や経験を探究する原動力
5．**批判的思考**：情報を適切に読み解き活用する思考力
6．**楽観性**：将来をポジティブにみて柔軟に対処する能力
7．**時間的展望**：過去・現在・未来を関連づけて捉えるスキル
8．**情動知能**：情動を賢く活用する力
9．**感情調整**：感情にうまく対処する能力
10．**共感性**：他者の気持ちを共有し、理解する心理特性
11．**自尊感情**：自分自身を価値ある存在だと思う心
12．**セルフ・コンパッション**：自分自身を受け入れて優しい気持ちを向ける力
13．**マインドフルネス**：「今ここ」に注意を向けて受け入れる力
14．**レジリエンス**：逆境をしなやかに生き延びる力
15．**エゴ・レジリエンス**：日常生活のストレスに柔軟に対応する力

『非認知能力：概念・測定と教育の可能性』（小塩真司編，2021）で取り上げた心理概念

の介入を検証した研究における効果の大きさは、必ずしも大きなものではありません。介入を行ったとしても、全員に必ず効果が生じるわけではないという点には注意が必要です。

第二に、副作用の存在の可能性です。ある心理学概念は別の心理学概念と関連します。たとえば誠実性は非認知能力として伸ばすべき望ましい概念とされます。しかし誠実性は、完全主義にも関連することが研究で示されています。どのような介入を行うことで、誠実性だけを伸ばして完全主義を伸ばさないようにすることができるのか、介入の際には注意深く変化を見ることと介入の工夫を行うことが求められます。

第三に、どの年代に介入を行うべきなのかという問題です。心理学的な研究の中で、多くの心理概念の発達や年齢に伴う安定性についても検討されています。心理概念によっては幼少期に介入を行うべきものも、より年長の時期においても介入の効果が見られるものもありますので注意が必要でしょう。

最後に、非認知能力への介入の試みは、人々をより望ましい姿にさせようとする試みを意味します。その根底にある「何を望ましいものとみなすのか」という議論をし続けることは重要です。この点については、多くの議論を重ねることが求められます。

（早稲田大学　小塩真司）

OODAループを活用した学校マネジメント

Check
□OODAループとは何か？
□OODAループと管理職に求められる資質・能力とは？

☑ OODAループとは何か？

ＰＤＣＡサイクルに代わるものとして注目されているＯＯＤＡ（ウーダ）ループは、アメリカ空軍のパイロットだったジョン・ボイドが提唱したフレームワークです。学校運営や子どもたちの様子を観て感じるちょっとした違和感がきっかけとなってはじまるＯＯＤＡループは、Plan（計画）からはじまるＰＤＣＡサイクルよりも問題解決のスピードが速いことが特徴です。学校改善のスピードが求められるＶＵＣＡの時代の新たな学校マネジメントの手法として期待されています。

ＯＯＤＡループの四つの場面について「ＩＣＴの活用状況」を例に考えてみましょう。

〈O：Observe・観察〉観察することによって現状を認識します。ＩＣＴの活用状況の視点で授業観察をしたり、子どもたちのＩＣＴ活用能力を把握したりしていきます。実際に自らの目で観ることが大切です。

〔O：Orient・判断〕観察を基に状況を判断します。筆者は授業観察による活用状況や子どもたちの活用能力の実態から、学級や学年によって活用状況に格差があると判断しました。公教育の視点からも望ましい状況ではなく、早急に改善を図ることにしました。

〔D：Decide・決定〕具体的な方策や手段に関する意思決定を行います。先の例では、判断を基に学校としてのＩＣＴ活用方針を徹底すること、授業改善に向けた研修などを行うことを決定しました。

〔A：Act・実行〕意思決定したことを実行に移します。筆者は、学校経営計画に記載されているＩＣＴ活用方針について再度共通理解を図るとともに、全ての教員が計画に基づいて実践していきました。さらに、教員自身の活用能力を高めるために定期的に研修会を開催していきました。

〔Act〕は、新たな〔Observe〕のはじまりです。実行の様子を観察しながら、新たな課題を見出し、ＯＯＤＡループとして循環させることで切れ目ない学校改善を続けていくことができます。

公立の小学校等の校長及び教員としての資質の向上に関する指標の策定に関する指針（2022年8月31日改正）

☑ OODAループと管理職に求められる資質・能力とは？

ＶＵＣＡ時代の学校経営を担う管理職に求められる資質・能力として、様々なデータや学校が置かれた内外環境に関する情報について収集・整理・分析し共有するアセスメント能力や、学校内外の関係者の相互作用により学校の教育力を最大化していくためのファシリテーション能力があります。これらの能力とＯＯＤＡループは密接に関連しています。

〈Observe（観察）～Orient（判断）の過程：アセスメント能力〉

この過程では、管理職の情報を正しく観て分析し、判断する力＝アセスメント能力が発揮されます。アセスメント能力を高めるには、現状を客観的に評価するための判断基準の精度を上げる必要があります。幅広い知識だけでなく、他者の実践から学ぶこと、日々の取組を経験値として獲得していくことが必要になります。

〈Orient（判断）～Decide（決定）の過程：コミュニケーション能力〉

決定したことをただ指示するだけでは上意下達になってしまいます。決定に至った経緯や背景などを対話によって説明していきます。ここでは管理職のコミュニケーション能力が発揮されます。

「令和の日本型学校教育」を担う教師の養成・採用・研修等の在り方について～「新たな教師の学びの姿」の実現と，多様な専門性を有する質の高い教職員集団の形成～（答申）（中教審第240号）（中央教育審議会，2022年12月19日）

〈Decide（決定）～Act（実行）の過程：ファシリテーション能力〉

子どもたちの主体的な学びを保障するため、教師にはファシリテーターとしての役割が求められています。管理職も同様、教職員の力を最大限に発揮させるファシリテーション能力が必要になります。

〈Act（実行）～Observe（観察）の過程：リスクマネジメント能力〉

実行に移すことで問題は解決しません。常にその実施状況や他への影響を観察し続ける必要があります。これこそが管理職のリスクマネジメント能力です。危機に陥らないようにすることが最大の危機管理であり、ＯＯＤＡループは危機管理ツールとしても学校マネジメントの一助となります。

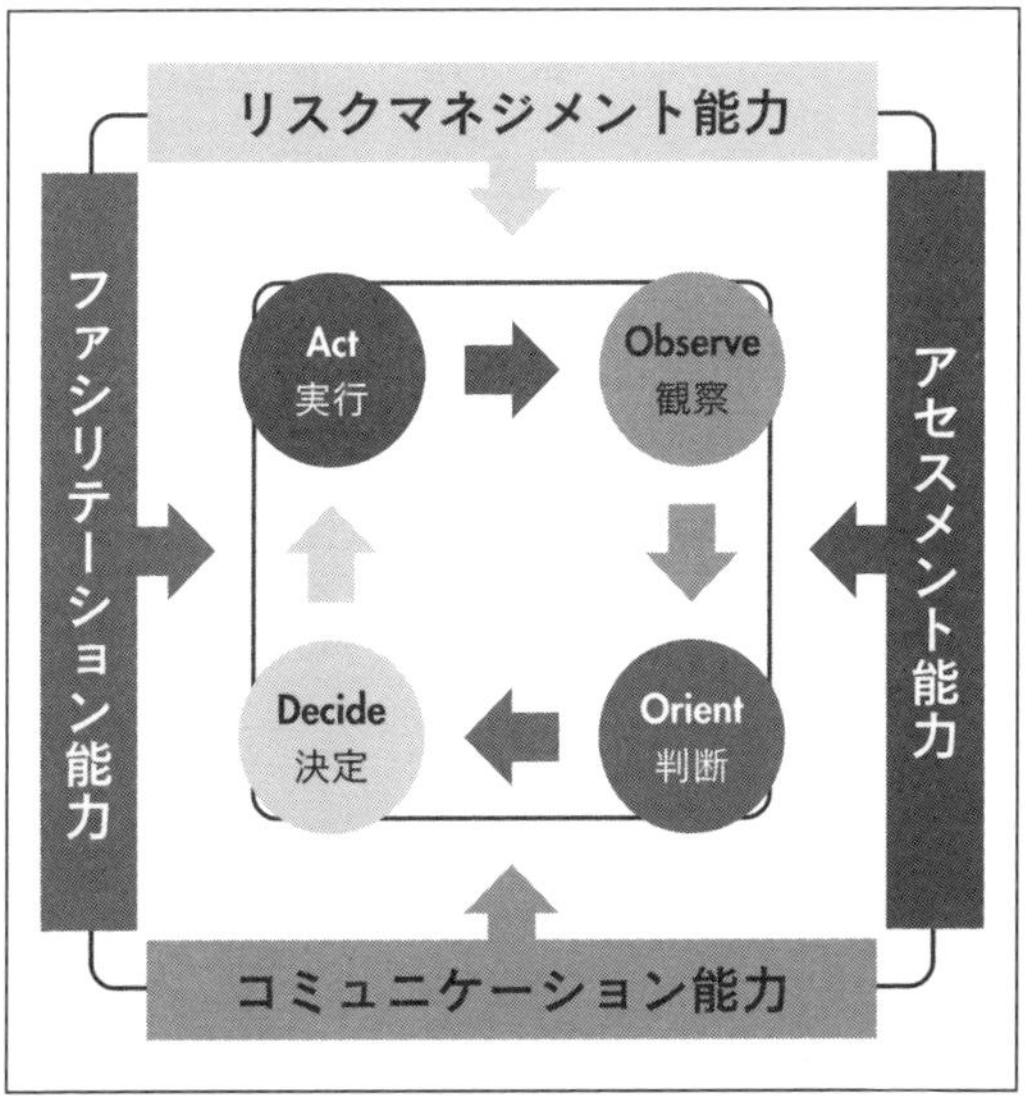

OODAループと管理職に求められる資質・能力

（国士舘大学　喜名朝博）

リカレント教育・リスキリングの推進

Check
□なぜ今「リカレント教育」「リスキリング」なのか？
□「学び続ける」社会をつくるために求められることとは？

☑なぜ今「リカレント教育」「リスキリング」なのか？

「生涯学習」という概念が一昔前（1965年、ユネスコが提唱）からあるように、生涯にわたる学習の重要性はこれまでも長らく認識されてきました。にもかかわらず、ここ数年で「リカレント教育」や「リスキリング」がこれほど話題になっているのはなぜでしょうか。まずはそれぞれが生まれた背景を概観したいと思います。

「リカレント（recurrent）教育」は、1960～70年代に欧州で生まれた、学校教育を終えた後も「仕事」と「学び」を行き来するというコンセプトです。『LIFE SHIFT』（東洋経済新報社）という書籍で提唱されたように、人生が教育→勤労→引退という単線型から、仕事や学び等多様なステージが入り混じるマルチステージ型の時代へと変わったこ職業実践力育成プログラム及びキャリア形成促進プログラム実施機関向けリカレント教育説明会（文部科学省 生涯学習推進課，2022年8月19日）

とが影響しています。日本では、２０１８年に政府の「人づくり革命 基本構想」において、産学連携による「リカレント教育の拡充」が明記され、文部科学省の事業をはじめとし様々な施策を打ち出しています。一方「リスキリング（reskilling）」は、２０１０年代中頃から欧米中心に広まったコンセプトで、ＩＴやＡＩの進化によって人間の雇用が脅かされるという危機感に端を発しており、ＤＸ化の文脈で語られることが多いのはそのためだと考えられます。２０２０年のダボス会議で「リスキル革命プラットフォーム」の構築が宣言されたことをきっかけに世界的に注目されるようになったとされています。日本では、２０２２年に岸田首相の所信表明演説にて「5年間で1兆円のリスキリング支援」が表明されたことにより企業を中心に急速に広まりました。リクルートワークス研究所は、「新しい職業に就くために、あるいは、今の職業で必要とされるスキルの大幅な変化に適応するために、必要なスキルを獲得する／させること」と定義しています。

　このように、どちらも日本語では「学び直し」とされることがありますが、出自が異なり特徴にも違いがあります。一方、「生涯学習」を含むどのコンセプトも、私たちがよりよい人生を送るために学び続けることや、学びたい時に学びたいことを学べる状況を創ることを目指すという点では共通しています。では、何がそれを妨げているのでしょうか。

イノベーション創出のためのリカレント教育
（経済産業省 産業技術環境局，2020年11月５日）

☑「学び続ける」社会をつくるために求められることとは？

大人の学びに関する様々な調査結果をみると、残念ながら日本の大人は諸外国と比べて圧倒的に「学んでいない」ということを多くのデータが示しています。国を挙げて「学び」の可能性を広げようとする動きは歓迎すべきですが、政府が方針を出し、制度を整え資金を投下したり、行政や大学・企業等が機会を提供したりさえすれば、人々は学び続けられるのでしょうか。パーソル総合研究所の小林祐児氏は、「工場モデル」からの脱却が昨今の学び直しブームを失敗に終わらせないための一つの鍵であるとしています。「工場モデル」とは、必要なスキルを明確化し、それを新たに身に付け、ジョブ（ポスト）とマッチングするという発想のことを指し、このモデルでは「個」を単位とした知識やスキルの獲得に焦点が当たることが一つの問題点とされています。なぜなら、人の学びは社会的な相互作用による営みであることを、学習研究がすでに明らかにしてきているためです。つまり、学びを個人のやる気の問題や自己責任とするのではなく、どのような環境であれば人の学ぶ力が引き出されるのか、コミュニティや組織の仕組み、文化によってどう学びを支えていくことができるのか、という発想で考えなければならないということです。

このように考えてみると、「リカレント教育・リスキリングの推進」とは、「学び」の捉

リスキリングとアンラーニングについての定量調査
（パーソル総合研究所，2022年７月21日）

えそのものを社会全体で見直していくという大きなムーブメントのように感じられます。そしてそれはまさに、学校現場でどのように「主体的・対話的で深い学び」を実現し、子どもたちの生きる力を育んでいくのかということとも密接に関わっています。

前述の「工場モデル」が認知科学者鈴木宏昭著『私たちはどう学んでいるのか―創発から見る認知の変化』（筑摩書房、２０２２）にある近年の大学改革に対する批判を参照したものであることや、伝統的な学校教育が「工場」のメタファーで語られることが多いことからも、社会人の学びと社会に出る前の（学校での）学びは同じような問題を抱えているといえそうです。「学び直し」の議論をＶＵＣＡ時代の生存戦略や経済発展の論点で終始させることなく、豊かな人生・豊かな社会を創っていくために「学び」の捉え自体を変えていくプロセスだとみなし、教育に携わる私たちこそが当事者意識をもって行動を起こすことが求められているのではないでしょうか。「学び直し」と聞くと「研修・講座の受講」や「大学院進学」などのイメージが強いかもしれませんが、人は本来生まれながらにして学び続ける存在であり、日常生活や仕事などを通じて常に学んで（学び直して）います。そう考えると、日々の学びを意識化して小さな工夫を重ねることも、「学び続ける」社会づくりに向けた一歩なのかもしれません。

（認定ＮＰＯ法人 Teach For Japan　池田由紀）

人生100年時代の学校教育の展開

Check
□人生100年時代とは？
□人生100年時代と学校教育はどのように関係するか？

☑人生100年時代とは？

「人生100年時代」という概念は、ロンドン大学教授のリンダ・グラットン氏らによる著書『ライフ・シフト』（東洋経済新報社、2016）によって提唱されました。端的にいえば、長寿化とテクノロジーの発展によって、2007年生まれの半数が107歳まで生きるという長寿の時代です。テクノロジーの発展は、今日発展しているIT領域に限らず、歴史的に私たちの社会や生活を大きく変えてきました。農業革命によって農産物の供給量が増え、人類の人口増加や定住化による「社会」の発展がもたらされ、産業革命によって工業製品の大量生産が可能となり、「社会」の効率化が促進されました。情報革命の真っただ中に生きている私たちは、かつての革命期のように社会構造が変化する時代に生きています。

長生きをするということは、今まで一般的とされた「教育」・「仕事」・「老後」のような3ステージ型人生から、変化し続ける様々なライフステージが出現することになります。高度情報社会による社会の高速化は、企業の寿命を縮めることになるとともに、知識やスキルの陳腐化も早めることとなりました。これにより、変化し続ける様々なライフステージ（「マルチステージ化する人生」）が出現することになるのです。

マルチステージ型の人生においては、仕事をしているときもあれば、学校で学びなおす、エクスプローラーとして探索を行う、自らの資源を活用して独立して仕事を行う（インディペンデント・プロデューサー）、あるいは様々な仕事を同時にこなす（ポートフォリオ・ワーカー）など、多種多様な移行（トランジション）を経験することになります。そして、その移行においては、学習が重要な役割を担います。つまり、学習が人生の中心となる生涯学び続ける社会が到来するのです。この社会では、人と同じフェーズを一斉に歩む人生観からの転換が行われます。このため、自らが主体的に自らの人生を創造する必要があります。有形・無形の資産を蓄積・活用しながら、社会的開拓者（持続可能な社会の創り手）として新たな生き方を創造し、同時に新たな社会を創造することになるのです。

新たな教育振興基本計画【概要】（令和５年度～９年度）
（文部科学省，2023年６月16日閣議決定）

☑ 人生100年時代と学校教育はどのように関係するか？

2023年6月16日に閣議決定された「第4期教育振興基本計画」の概要資料では、「今後の教育政策に関する基本的な方針」として、「人生100年時代に複線化する生涯にわたって学び続ける学習者」という文言が記載されています。様々な移行を自ら実施し、オリジナルな人生を構築する児童・生徒たちにとって、学校教育はその基礎となるアイデンティティの形成、自分なりの学び方の習得といった「人生100年時代」を生きる力の土台形成を行う期間になると考えられます。そうした役割を踏まえれば、今までの「授業観・実践」や「学び観」等を一部変革する必要が生じることもあるでしょう。

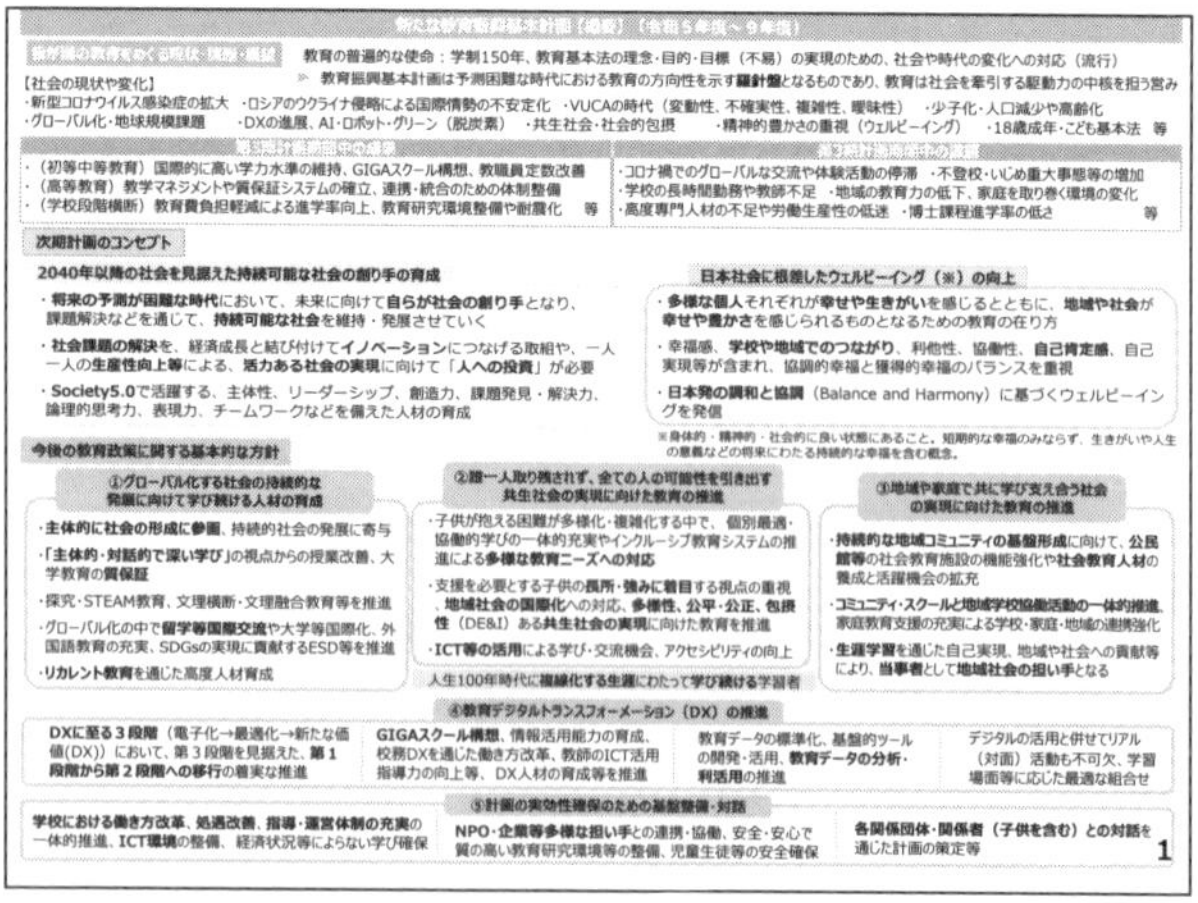

新たな教育振興基本計画（概要）（令和５年度～９年度）

教育の普遍的な使命：学制150年、教育基本法の理念・目的・目標（不易）の実現のための、社会や時代の変化への対応（流行）

≫ 教育振興基本計画は予測困難な時代における教育の方向性を示す**羅針盤**となるものであり、教育は社会を牽引する駆動力の中核を担う営み

【社会の現状や変化】
・新型コロナウイルス感染症の拡大　・ロシアのウクライナ侵略による国際情勢の不安定化　・VUCAの時代（変動性、不確実性、複雑性、曖昧性）　・少子化・人口減少や高齢化
・グローバル化・地球規模課題　・DXの進展、AI・ロボット・グリーン（脱炭素）　・共生社会・社会的包摂　・精神的豊かさの重視（ウェルビーイング）　・18歳成年・こども基本法　等

・（初等中等教育）国際的に高い学力水準の維持、GIGAスクール構想、教職員定数改善
・（高等教育）教学マネジメントや質保証システムの確立、連携・統合のための体制整備
・（学校段階横断）教育費負担軽減による進学率向上、教育研究環境整備や耐震化　等

・コロナ禍でのグローバルな交流や体験活動の停滞　・不登校・いじめ重大事態等の増加
・学校の長時間勤務や教師不足　・地域の教育力の低下、家庭を取り巻く環境の変化
・高度専門人材の不足や労働生産性の低迷　・博士課程進学率の低さ　等

次期計画のコンセプト

2040年以降の社会を見据えた持続可能な社会の創り手の育成
・**将来の予測が困難な時代**において、未来に向けて**自らが社会の創り手**となり、課題解決などを通じて、**持続可能な社会**を維持・発展させていく
・**社会課題の解決**を、経済成長と結び付けて**イノベーション**につなげる取組や、一人一人の**生産性向上等**による、**活力ある社会の実現**に向けて「**人への投資**」が必要
・**Society5.0**で活躍する、主体性、リーダーシップ、創造力、課題発見・解決力、論理的思考力、表現力、チームワークなどを備えた人材の育成

日本社会に根差したウェルビーイング（※）の向上
・**多様な個人**それぞれが**幸せや生きがい**を感じるとともに、**地域や社会**が**幸せや豊かさ**を感じられるものとなるための教育の在り方
・幸福感、**学校や地域でのつながり**、利他性、協働性、**自己肯定感**、自己実現等が含まれ、協調的幸福と獲得的幸福のバランスを重視
・**日本発の調和と協調**（Balance and Harmony）に基づくウェルビーイングを発信

※身体的・精神的・社会的に良い状態にあること。短期的な幸福のみならず、生きがいや人生の意義などの将来にわたる持続的な幸福を含む概念。

今後の教育政策に関する基本的な方針

①グローバル化する社会の持続的な発展に向けて学び続ける人材の育成
・**主体的に社会の形成に参画**、持続的社会の発展に寄与
・「**主体的・対話的で深い学び**」の視点からの授業改善、大学教育の**質保証**
・探究・STEAM教育、文理横断・文理融合教育等を推進
・グローバル化の中で**留学等国際交流**や大学等国際化、外国語教育の充実、SDGsの実現に貢献するESD等を推進
・**リカレント教育**を通じた高度人材育成

②誰一人取り残されず、全ての人の可能性を引き出す共生社会の実現に向けた教育の推進
・子供が抱える困難が多様化・複雑化する中で、個別最適・協働的学びの一体的充実やインクルーシブ教育システムの推進による**多様な教育ニーズへの対応**
・支援を必要とする子供の**長所・強みに着目**する視点の重視、**地域社会の国際化**への対応、**多様性、公平・公正、包摂性**（DE&I）ある**共生社会の実現**に向けた教育を推進
・**ICT等の活用**による学び・交流機会、アクセシビリティの向上

人生100年時代に**複線化する生涯**にわたって**学び続ける**学習者

③地域や家庭で共に学び支え合う社会の実現に向けた教育の推進
・**持続的な地域コミュニティの基盤形成**に向けて、**公民館等**の社会教育施設の機能強化や**社会教育人材**の養成と活躍機会の拡充
・**コミュニティ・スクールと地域学校協働活動の一体的推進**、家庭教育支援の充実による学校・家庭・地域の連携強化
・**生涯学習**を通じた自己実現、地域や社会への貢献等により、**当事者**として**地域社会の担い手**となる

④教育デジタルトランスフォーメーション（DX）の推進

DXに至る３段階（電子化→最適化→新たな価値(DX)）において、第３段階を見据えた、**第１段階から第２段階への移行**の着実な推進	**GIGAスクール構想**、情報活用能力の育成、校務DXを通じた働き方改革、教師のICT活用指導力の向上等、DX人材の育成等を推進	教育データの標準化、基盤的ツールの開発・活用、**教育データの分析・利活用**の推進	デジタルの活用と併せてリアル（対面）活動も不可欠、学習場面等に応じた最適な組合せ

⑤計画の実効性確保のための基盤整備・対話

学校における働き方改革、処遇改善、指導・運営体制の充実の一体的推進、**ICT環境**の整備、経済状況等によらない学び確保	**NPO・企業等多様な担い手**との連携・協働、安全・安心で質の高い教育研究環境等の整備、児童生徒等の安全確保	**各関係団体・関係者（子供を含む）との対話**を通じた計画の策定等

1

新たな教育振興基本計画【概要】（令和５年度～９年度）
出典：「教育振興基本計画（概要）」（2023年6月16日閣議決定）

教育振興基本計画（文部科学省，2023年６月16日閣議決定）

産業革命が機械や機器などのハードの力で動く「機械の時代」をもたらしたのに対して、「人生１００年時代」は、情報革命によって人の価値観や思考力などをはじめとするソフトの力で動く「人の時代」であるといえます。また同時に、自分とは全く異なる人間や組織や価値観と常に触れ合うことになる時代でもあります。その時代は、個人の資質能力がより一層重要になります。創造性・自発性・深い理解・批判的思考・集合的な知性の多様な形態の開発が大切です。だからこそ、単一的な価値観や目標や能力を育み、管理していく教育モデルではなく、互いの違いを認め、異なる個性や能力を創出し、相互に創発させていく教育モデルが今後ますます必要になってくるのです。他人とは違うクリエイティビティや今までにないイノベーションを求められる時代であり、きわめて複雑・流動的な社会で、「自分」や「個性」を今まで以上に強く問われるようになります。つまり、自分の行為・行動を絶えず省察し、自己形成を図り続けることで、その結果を環境や状況の変化に応じて自ら再構成したうえで知識を活用していくことが重要になるのです。学校教育は、「人生１００年時代」をよりよく生きる児童・生徒のために何ができるのか検討し、実行していくことが重要になっていくと考えます。

（一般社団法人未来の先生フォーラム代表理事　宮田純也）

や行

ら行

アルファベット・数字

た行

は行

さ行

索引

あ行

か行

執筆者一覧（執筆順）

讃井康智　ライフイズテック株式会社　取締役／最高ＡＩ教育責任者（CEAIO）
神野元基　東明館中学校・高等学校 理事長・校長
平井聡一郎　合同会社未来教育デザイン代表社員
坂本良晶　京都府公立小学校
内田由紀子　京都大学教授
中島晴美　埼玉県上尾市立平方北小学校長
戸ヶ﨑勤　戸田市教育委員会教育長
赤堀侃司　東京工業大学名誉教授
高橋　純　東京学芸大学教授
柴田　功　神奈川県立希望ケ丘高等学校長
中村めぐみ　茨城県つくば市立みどりの学園義務教育学校教頭
鹿野利春　京都精華大学教授
佐藤克美　東北大学准教授
清原慶子　杏林大学客員教授
荒牧美佐子　目白大学准教授
貞広斎子　千葉大学教授
新井　肇　関西外国語大学教授
甲斐田万智子　文京学院大学教授／シーライツ代表理事
小島祥美　東京外国語大学准教授／多言語多文化共生センター長
佐藤郡衛　東京学芸大学名誉教授
上野　武　千葉大学名誉教授
天笠　茂　千葉大学名誉教授
山内敏之　愛知県名古屋市立山吹小学校長
合田哲雄　文部科学省 文化庁次長
大津由紀雄　関西大学客員教授
斉田智里　横浜国立大学教授

塩瀬隆之　京都大学准教授
藤川大祐　千葉大学教授
中谷素之　名古屋大学教授
山田洋平　福岡教育大学准教授
藤田大輔　大阪教育大学教授
内田匡輔　東海大学教授
山辺恵理子　都留文科大学准教授
松田悠介　Crimson Education Japan 代表取締役社長
伊東　哲　東京学芸大学特任教授
妹尾昌俊　一般社団法人ライフ&ワーク代表理事
金井利之　東京大学教授
神内　聡　弁護士・兵庫教育大学大学院准教授
岩田康之　東京学芸大学教授
岩永雅也　放送大学学長
坂﨑隆浩　こども園ひがしどおり理事長・園長
齋藤長行　仙台大学教授
川松　亮　明星大学常勤教授

加瀬　進　東京学芸大学教授
宮崎秀仁　横浜市立大学精神医学教室
きしもとたかひろ　保育士・元放課後支援員
櫻井義秀　北海道大学教授
大関浩仁　東京都品川区立第一日野小学校長
笹森洋樹　常葉大学教授
野口晃菜　一般社団法人 UNIVA 理事
松尾知明　法政大学教授
小川奈津己　認定NPO法人 ReBit 教育事業部マネージャー
小塩真司　早稲田大学教授
喜名朝博　国士舘大学教授
池田由紀　認定NPO法人 Teach For Japan
宮田純也　一般社団法人未来の先生フォーラム代表理事

【編者紹介】

教育の未来を研究する会

最新教育動向2024
必ず押さえておきたい時事ワード60＆視点120

2023年12月初版第1刷刊 ©編　者 教育の未来を研究する会
発行者 藤　原　光　政
発行所 明治図書出版株式会社
http://www.meijitosho.co.jp
(企画)大江文武・新井皓士 (校正)中野真実
〒114-0023　東京都北区滝野川7-46-1
振替00160-5-151318　電話03(5907)6701
ご注文窓口　電話03(5907)6668

＊検印省略　組版所 株 式 会 社 カ シ ヨ

Printed in Japan　ISBN978-4-18-353933-5